教师工作系列丛书

U0574236

新时代中小学教师职业行为
十项修炼

Xinshidai Zhongxiaoxue Jiaoshi Zhiye Xingwei
Shixiang Xiulian

肖北方 主 编

北京师范大学出版集团
BEIJING NORMAL UNIVERSITY PUBLISHING GROUP
北京师范大学出版社

图书在版编目(CIP)数据

新时代中小学教师职业行为十项修炼 / 肖北方主编 . —北京：北京师范大学出版社，2024.4
ISBN 978-7-303-29671-2

Ⅰ.①新… Ⅱ.①肖… Ⅲ.①中小学－师资培养－研究 Ⅳ.①G635.12

中国国家版本馆 CIP 数据核字(2024)第 000026 号

教材意见反馈　　gaozhifk@bnupg.com　　010-58805079
营销中心电话　　010-58802755　　58800035
编辑部电话　　010-58806368

XINSHIDAI ZHONG-XIAOXUE JIAOSHI ZHIYE XINGWEI
SHIXIANG XIULIAN

出版发行：北京师范大学出版社　www.bnupg.com
　　　　　北京市西城区新街口外大街 12-3 号
　　　　　邮政编码：100088
印　　刷：北京溢漾印刷有限公司
经　　销：全国新华书店
开　　本：730 mm×980 mm　1/16
印　　张：11.25
字　　数：202 千字
版　　次：2024 年 4 月第 1 版
印　　次：2024 年 4 月第 1 次印刷
定　　价：39.80 元

策划编辑：姚贵平　　　　　责任编辑：冯　倩
美术编辑：焦　丽　　　　　装帧设计：焦　丽
责任校对：陈　荟　　　　　责任印制：陈　涛

前　言

　　为深入贯彻落实全国教育大会重要讲话精神，扎实推进《中共中央 国务院关于全面深化新时代教师队伍建设改革的意见》的实施工作，进一步加强师德师风建设，教育部于 2018 年印发了《新时代中小学教师职业行为十项准则》（以下简称《准则》），旨在规范教师的职业行为，明确师德底线，引导广大教师努力成为有理想信念、有道德情操、有扎实学识、有仁爱之心的"四有"好老师，着力培养德智体美劳全面发展的社会主义建设者和接班人。

　　为有效促进广大中小学教师正确领会并自觉践行《准则》，编者特编写了本书。本书坚持理论与实践相结合的基本原则，不仅着力解决学习者在学习《准则》过程中遇到的问题，指导学习者准确理解各项准则的内涵与要求；而且重在解决如何践行的问题，以具体的实践策略促进学习者自主践行并达成知行统一，进而做到表里如一、一以贯之，实现知、情、意、行和谐发展。

　　本书是以整体策划、分工合作、统一编审的方式完成各部分内容的编写工作的。本书的内容架构、体例形式、主要读者定位等均经过编写组多次商议而达成共识。根据《准则》的内容结构，本书分为十个部分，每部分围绕一项准则展开，力求深入浅出地解读准则。本书所选用的案例均出自现实，正面案例能帮助学习者树立学习目标，负面案例则能对学习者起到警示作用。本书中追问的问题多是困惑着进行自我修炼的学习者的，分享的内容则能给学习者答疑解惑；每个部分还留有思考与实践题，以便于学习者在课后进行强化训练。

　　本书的编者既包括长期从事师德理论与思想政治理论研究的学者，又包括经验丰富的长期从事中小学教师培训的教师，尤其是师德课程培训教师及优秀的中小学教师。本书的主编是北京教育学院副教授肖北方，多年从事中小学师德案例研究、师德课程研发和课程主讲工作，对师德教育有许多独到的见解。这些见解呈现在了肖北方独立编写和参与编写的各部分内容中。本书各部分内容的作者及编写工作分工(按内容顺序)如下:导论,肖北方;修炼一、修炼三,齐宪代[《北京教育学院学报(社会科学版)》原主编];修炼二,陈爱芯(原北京教育学院教授);修炼四,赵玉如(北京教育学院教授);修炼五,李梦莉(北京市第五十五中学教师)、肖北方;修炼六,吴安民(原北京教育学院副教授)、肖北方;修炼七、修炼八、修炼九、修炼十,肖北方。本书的统稿工作由肖北方完成。

从策划、审定到出版,本书的编写工作得到了北京师范大学出版社姚贵平老师的指导与支持。在书稿的修改、完善过程中,责任编辑对各部分内容提出了宝贵的修改建议。我们在此一并表示衷心感谢。

本书是为助力学习者学习、贯彻《准则》而编写的,包含了编者多年的师德教育经验,在此与大家分享。

由于编者水平有限,书中难免存在不妥之处,竭诚欢迎各位读者批评指正。

编　者

目　　录

导　论 ……………………………………………………………………… 1

修炼一　坚定政治方向 ………………………………………………… 11

　　准则要义 …………………………………………………………… 12

　　案例评析 …………………………………………………………… 17

　　践行指导建议 ……………………………………………………… 20

　　追问与分享 ………………………………………………………… 23

　　思考与实践 ………………………………………………………… 25

修炼二　自觉爱国守法 ………………………………………………… 26

　　准则要义 …………………………………………………………… 27

　　案例评析 …………………………………………………………… 30

　　践行指导建议 ……………………………………………………… 35

　　追问与分享 ………………………………………………………… 38

　　思考与实践 ………………………………………………………… 40

修炼三　传播优秀文化 ………………………………………………… 41

　　准则要义 …………………………………………………………… 42

　　案例评析 …………………………………………………………… 50

　　践行指导建议 ……………………………………………………… 56

　　追问与分享 ………………………………………………………… 60

　　思考与实践 ………………………………………………………… 62

修炼四　潜心教书育人 ………………………………………………… 63

　　准则要义 …………………………………………………………… 64

　　案例评析 …………………………………………………………… 67

　　践行指导建议 ……………………………………………………… 72

　　追问与分享 ………………………………………………………… 75

　　思考与实践 ………………………………………………………… 76

修炼五　关心爱护学生 ···································· 78

准则要义 ··· 79

案例评析 ··· 82

践行指导建议 ·· 86

追问与分享 ·· 90

思考与实践 ·· 91

修炼六　加强安全防范 ···································· 92

准则要义 ··· 93

案例评析 ··· 96

践行指导建议 ·· 98

追问与分享 ·· 102

思考与实践 ·· 104

修炼七　坚持言行雅正 ···································· 105

准则要义 ··· 106

案例评析 ··· 108

践行指导建议 ·· 110

追问与分享 ·· 113

思考与实践 ·· 114

修炼八　秉持公平诚信 ···································· 115

准则要义 ··· 115

案例评析 ··· 118

践行指导建议 ·· 120

追问与分享 ·· 122

思考与实践 ·· 124

修炼九　坚守廉洁自律 ···································· 125

准则要义 ··· 126

案例评析 ··· 128

践行指导建议 ·· 130

追问与分享 ·· 132

思考与实践 ·· 134

修炼十　规范从教行为 ……………………………………… 135

　　准则要义 ………………………………………… 136

　　案例评析 ………………………………………… 138

　　践行指导建议 …………………………………… 141

　　追问与分享 ……………………………………… 145

　　思考与实践 ……………………………………… 147

附件 1 ……………………………………………… 148

附件 2 ……………………………………………… 152

附件 3 ……………………………………………… 164

参考文献 ………………………………………… 168

导　论

　　我国自古就有尊师重教的传统，社会对教师的职业定位较高，十分认同教师的职业价值。众多教师在从业实践中一直自觉践行职业行为准则。随着社会的发展、时代的进步，社会对教师越来越尊重，堪称"人师"与"世范"的教师职业标准也随之提高。因此，在当今社会，选择教师职业，做一名合格的教师，不仅需要在入职前"术业有专攻"、取得教师资格，还需要在入职后的整个职业生涯中进行全方位学习修炼与全面提升。概括而言，教师职业行为修炼既包括提升专业学识、学力的学业修炼，也包括修养德行、心性的道德修炼。教师只有不断地修炼，才能成为新时代的"四有"好老师；也只有这样，教师才能在职业实践中共同承担起传播知识、传播思想、传播真理的历史使命，肩负起塑造灵魂、塑造生命、塑造人的时代重任，为社会主义事业培养一批批建设者和接班人，实现教师应有的职业价值。因此，教师如何认识自我修炼的重要意义，如何深入理解自我修炼的内涵，如何在职业实践中加强自我修炼、全面提升职业素养，已成为每位教师在职业生涯中需要从理论到实践角度不断探索的基本问题。正如习近平总书记在 2014 年 9 月 9 日对北京师范大学师生代表所说的："老师是学生道德修养的镜子。好老师应该取法乎上、见贤思齐，不断提高道德修养，提升人格品质，并把正确的道德观传授给学生。"①我们要响应习近平总书记的号召，做有理想信念、有道德情

---

　　①　习近平：《做党和人民满意的好老师——同北京师范大学师生代表座谈时的讲话》，载《人民日报》，2014-09-10。

操、有扎实学识、有仁爱之心的"四有"好老师。

一、中小学教师职业行为修炼的基本含义

所谓修炼，从其本义上说，即修正问题、修炼品质，包括修品性、修作为、修情操，亦即修身、养性。曾子曰："吾日三省吾身。"意指人要常思常省。这是对"修身"策略的具体解读。《礼记·大学》在论及"修身、齐家、治国、平天下"时，将"修身"作为君子立身的根本。显然，先贤从不同角度对于为何修身、如何修身的论说内容，为我们现今认识修身的重要意义、提升修身的自觉性，提供了有益的启示。中国共产党为推进社会发展和实现国家富强，始终坚持改革创新。习近平总书记在党的十八大之后，明确提出"严以修身、严以用权、严以律己，谋事要实、创业要实、做人要实"①，赋予"修身"这一概念新的内涵与价值。综上，无论是从人类的整体发展历程看，还是从每个社会成员的成长经历看，人生就是不断地修正问题、提升综合素质的过程。人要发展，就要始终坚持学习和修炼。

中小学教师职业修炼指教师在职业实践中，以职业价值为导向、以基本行为准则为依凭、不断提升综合素质的过程。职业修炼不仅伴随教师的整个职业生涯，而且具有显著的个体差异性。具体来说，一方面，众多教师虽是经专业资格认证后入职的，但这仅意味着具备了任职教师的基本条件与专业发展潜质。教师入职后，不仅需要随时研究不断发展变化的学生的个性特点和成长需求，还需要不断研究社会发展对人才的需求。此外，教师要不断地修正、完善自我，以过硬的专业能力指导学生学习，以独特的人格魅力引领学生发展，进而推进社会不断进步。另一方面，不同的教师有不同的个性心理特征与专业成长经历，在综合素养发展水平及其呈现样态方面存在差异。事实表明，绝大多数教师都敬重学问、关爱学生、严于律己、为人师表，因此受到学生尊敬和爱戴。但是也有极少数教师理想信念模糊、育人意识淡薄、自我要求放松，甚至出现严重违反师德规范的言行，损害教师队伍形象，影响学生健康成长。简言之，众多优秀教师的优点各不相同，极少数教师的失德问题也不尽相同。优秀教师具有的优秀品质内核是在教育教学过程中对学

---

① 习近平：《努力成为可堪大用能担重任的栋梁之才》，载《求是》，2022(3)。

生健康成长、社会发展表现出的责任感、专业理性与情怀。这是教师在实践中应形成的品质，反映了教师在基本职业伦理关系中的知、情、意、行等心理成分的和谐发展情况。综上所述，教师职业行为修炼一般指教师职业道德的养成过程。

所谓教师职业行为修炼，从完整意义上说，是教师实现内外兼修的必要路径与过程。很显然，教师职业行为修炼并非教师全面提升职业素养的全部内容，亦非教师全面提升职业素养的唯一路径。因为教师职业行为修炼具有外显特征，可观测、考评，教师自身可依据相关准则以及考评反馈进行有效调控，所以教师职业行为修炼往往成为社会在加强师德建设中解决教师失德问题、提升师德水平的切入点与抓手。在新时代，基于社会期待，我国中小学教师应在教育职业生涯中自觉依循基本行为准则规范言行，引领学生以求真、向善为根本价值取向，最终实现师生共同成长。

二、中小学教师职业行为修炼的重要意义

引导中小学教师深刻认识教师职业行为修炼的重要意义，是全社会为师德建设积极营造良好氛围、提供多方有力支持的基本前提，也是驱动广大中小学教师自主开展修炼的必要步骤。孔子曰："其身正，不令而行；其身不正，虽令不从。"百年大计，教育为本；教育大计，教师为本；教师大计，师德为本。由此可见，教师的德行是十分重要的。教育部近年发布的相关文件和召开的重要会议的精神指明：加强师德师风建设，是建设政治素质过硬、业务能力精湛、育人水平高超的高素质教师队伍的重要举措。因此，造就新时代的教师队伍必须以加强师德师风建设为先。

具体来说，我们可以从以下几方面来认识教师职业行为修炼的重要意义。

(一)教师职业行为修炼是教师提升专业素质的根本保障

新时代的中小学教师要落实立德树人根本任务，就要做到以德立身、以德立学，这是教师尽职尽责的基本前提。教师的良好品德不是与生俱来的，需要后天养成；教师的专业素质是在职业实践中通过不断学习交流与自我磨砺这一动态过程生成的。因此，每位中小学教师都需要在入职后的实践过程中，根据职业规范和行为准则，由表及里地坚持自我约束、自我激励、自我监控、自我调节；养成勤学善思、自持自律的好习惯；不断地修正、完善自我，提升专业素质，生成人格魅力。只有这样才可能实现"学为人师、行为世范"的理想目标，真正做到以身立教、以德育人。

(二)教师职业行为修炼直接影响学生的人格发展

理论研究与实践探索的结果共同表明，教师职业行为修炼的过程直接影响着一批又一批学生的健康成长。从教师方面说，加强职业行为修炼包括更新教育理念、强化教育责任意识、深化教育情怀、积淀教育智慧、优化教育教学质量等。对于学生来说，其日常学习生活主要是在校园中与同学、教师共同度过的。学生具有"向师性"，教师在课上和课下的一言一行，会直接影响学生的言行习惯、理想信念、为人处世的态度和方式。教师的言行表现，会对学生的人格发展产生持久而深刻的影响。

(三)教师职业行为修炼是社会精神文明建设的重要组成部分

社会精神文明建设需要全社会各成员共同参与。教师作为社会成员，其职业行为修炼的过程是社会精神文明建设的组成部分。教师进行职业修炼不仅能提升自身的人格魅力，还能提高职业能力、激发学习动力。教师自觉加强职业行为修炼，能使自身在整个职业生涯中充满热情和信心，并提高专业实践能力，能自觉贯彻落实党的教育方针，完成立德树人这一根本任务。这对社会其他成员尽职尽责完成本职工作、积极参与社会精神文明建设具有榜样示范作用。

教师的职业具有特殊性，其职业的根本价值在于根据社会发展要求培养人才。正是因为一代又一代的人才积极参与社会建设，社会物质文明和精神文明才得以发展，因此，教师群体成为全面建成小康社会、建设社会主义现代化强国的重要力量。"在中华民族5000多年文明发展史上，英雄辈出，大师荟萃，都与一代又一代教师的辛勤耕耘是分不开的。"[1]教师职业行为修炼的自觉性以及修炼的过程与水平，直接影响着人才的质量，关系着整个社会精神文明建设的方向、速度与水平。因此，社会精神文明建设需要教师进行职业行为修炼。教师只有不断加强自身修炼，才能成为学生的引路人。

2016年9月9日，习近平总书记在北京市八一学校考察并发表重要讲话，

---

[1]　习近平：《做党和人民满意的好老师——同北京师范大学师生代表座谈时的讲话》，载《人民日报》，2014-09-10。

强调："广大教师要做学生锤炼品格的引路人，做学生学习知识的引路人，做学生创新思维的引路人，做学生奉献祖国的引路人。"①讲话强调了教师的引领作用，教师应积极进行职业行为修炼，为精神文明建设做贡献。

三、新时代中小学教师职业行为修炼中的主要问题

不同历史时期的人们对教师的要求不同，教师应遵守的职业规范和行为准则也会有所不同，教师在实践中出现的有负期望、失德失范的问题也不尽相同。在我国社会经济快速发展的新时代，人们对教师寄予厚望，对教师的行为也越来越关注。极少数教师的有损师德的行为在社会上产生了不良影响，我们必须对此有清醒的认识，以便"对症下药"。

教育部曝光的典型案例凸显出的主要问题如下。

(一)职业认同感不足，责任意识淡薄

在现实中，有少数教师入职后，没有形成职业认同感，没有深入理解教师职业的内涵与特点，难以自觉、自愿地履职尽责，做不到爱岗敬业、以身立教，没有能力和胸襟承担起为学生和社会发展提供专业服务的重任。他们在工作中责任意识淡薄，专业理论不足，缺乏自主创新意识，教育教学工作墨守成规，常陷入"不求有功，但求无过""做一天和尚敲一天钟"的消极状态。每当遇到问题及专业发展的难题时，缺乏担当意识和攻坚勇气，或绕道而行、漠然处之，或向外归因、抱怨指责。他们在日常工作中不注重自我修炼，或有不良的行为习惯，言行不拘小节，我行我素；或知行脱节，道貌岸然，表里不一；或不遵从同伴伦理，难以为了学生的利益，与不同学科、不同学段、不同岗位的教师进行积极、有效的沟通，维系良好的协作关系。他们的职业生活黯淡无色，缺少朝气和活力。

(二)师生关系不和谐，教师职业尊严受损

良好的师生关系指的是以教育工作关系为基础的师生心理互动关系与道德伦理关系相和谐。在实践中，有一些教师在与学生相处时，虽然能认同师爱的教育意义，也有良好的动机，但是把握不好对学生表达爱的分寸，无法

---

① 《全面贯彻落实党的教育方针　努力把我国基础教育越办越好》，载《人民日报》，2016-09-10。

恰切地将师爱与亲情、友情区别开来，无法做到给予全体学生无私而有理性、平等而有责任、亲密而有距离的关爱。尤其是极个别教师，不但不能认识到构建师生关系的积极意义，而且关心学生仅出于私利，致使师生关系向极端化发展：一方面，教师与个别学生过度密切往来；另一方面，少数学生因不被关注而疏离教师，甚至对教师怀恨在心。这不仅会严重影响人们对教师形象的认知、危及教师的职业尊严，而且会影响相关学生的身心健康，对全体学生的学习、成长也会产生负面影响。仅从 2019 年教育部公开曝光的数起教师违规违纪典型案例可见：涉及教师言谈粗鄙、体罚学生等问题的案例数量最多，所涵盖的教师群体也最普遍，包括幼儿园、中小学、大学教师，也包括普通一线教师、学校管理干部、境外教师。

(三)教育歧视显性化，家校协同不利

歧视源于偏见。教师若未形成正确的教育观、学生观，就会对学生产生偏见、歧视。近年来，出现了一些教育歧视问题。少数教师会因学生学业表现不佳、家境贫寒、身心发展有缺陷、课堂表现未达预期、缺乏沟通主动性等，而产生否定倾向、消极态度，甚至是暴力行为。这会直接导致相关学生惧怕教师，与教师关系不和谐，甚至因心生愤恨而与教师发生冲突。这还会导致学生自我认知错位、自我预期降低、人际沟通被动，甚至因人格失调使该享受的同等的教育机会、教育资源受影响，形成恶性循环，无法享受教育公平。其实，每位教师都应明确：在依法治教的现代社会中，教育公平应是每个学生享有的权利，公平施教则是教师应尽的义务。教育歧视指教师不尊重相关学生的人格、权益，不仅会影响学生的健康、师生关系，还会影响家校沟通与协作。相关案例研究表明，存有教育歧视的家校沟通常表现为部分教师对有的学生家长缺乏沟通的主动性和耐心，对有的学生家长沟通动机不纯，仅仅出于狭隘的个人私利，因此难以形成有效的教育合力，无法协同促进学生发展。

(四)职业追求低俗，以教谋私现象增多

教师职业属性中包含崇高性，意指教师要志存高远、淡泊名利，不断提升职业素养。但是，有少数教师由于职业理想缺失，缺少抵御诱惑的能力，会产生物欲至上、唯利是图、以教谋私的行为。例如，有的教师向学生推销书籍、报刊等学习资料，从中吃"回扣"，获取私利；有的教师向家长索取钱财、礼物，托家长为自己及家人疏通关系、办理私事。这使众多优秀教师共同验证了的一个命题遭到质疑：选择教师职业，就选择了高尚，选择了清贫。毋庸置疑，如此作为严重损毁了教师的整体形象。

四、新时代中小学教师职业行为修炼的基本原则和实践策略

在新时代，中小学教师要加强职业行为修炼，优化职业道德品质，全面提升综合素质，就必须把握好修炼的基本原则，不断探索、总结有效的实践策略。

(一)基本原则

第一，学思结合。教师在职业实践中，要将不断学习与及时反思相结合。一方面，学习要有认真谦虚的态度、勤奋坚持的毅力，并不断拓展多重路径，包括向专家学、向书本学、向同行学、向学生学、向实践学、向媒体学，不断学习为人处世之道。另一方面，在学习中要及时反思既有的工作经验与教训，梳理困惑，发现问题，探究有效解决问题的策略。教师要把学习、践行职业行为准则与自身已有的从业经验、个性特征联系起来，构建自己的道德认知体系，树立正确的价值观，确立自己的道德信念，不断提升自我素养。

第二，知行合一。教师在职业行为修炼过程中，既要准确领会职业规范和基本行为准则的主旨要义，树立正确的理念；又要自觉践行规范与准则，并养成良好的职业行为习惯，明确"知"是基础、"行"是关键。教师在整个职业生涯中，要做到诚信为本，不要知行脱节、言行不一。与此同时，学校在对教师的德行进行督导、评价时，既要"听其言"，又要"观其行"。

第三，情理相融。教师在内化、践行统一的职业规范与行为准则的过程中，应同时投入激情与理性，形成情理相融的和谐状态，避免将二者割裂开来而走向极端：或熟记规范准则而机械守旧，或满怀豪情却不明所以地一味作秀。教师在情理相融的职业生活中，要以个性化方式自觉、自愿地践行规范准则，达到"从心所欲不逾矩"的境界，在此过程中积淀为师从教的智慧与情怀，成为令学生可亲可敬的人。

第四，外化督导与自主调控相结合。品德的形成与发展有其基本规律，良好品德的形成，需要经过从"他律"向"自律"的转化过程。教师职业行为修炼，一方面需要学校、教育行政部门督导及社会媒体监督，另一方面更需要教师自主调控。外化督导与自主调控相结合能促使教师"积善成德""圣心备焉"，即能做到诸多优秀教师在经验总结中所表达的：用自己的思想品德熏陶、感染学生的思想品德，用自己的智慧启迪学生的智慧，用自己的情感激发学生的情感，用自己的意志调节学生的意志，用自己的个性影响学生的个性，用自己的心灵呼应学生的心灵，用自己的灵魂塑造学生的灵魂，用自己的人格塑造学生的人格。总之，教师应从自身做起，严格要求自己，接受监督，立身、立言、立德。

(二)实践策略

第一，学习领会《准则》，确立正确的职业行为修炼指导思想，这是教师修炼职业行为的必要前提。

2018 年，为深入贯彻习近平新时代中国特色社会主义思想，进一步加强师德师风建设，教育部特印发了系列文件。其中，《准则》为新时代中小学教师职业行为修炼提供了基本依据，全体中小学教师必须认真学习、深刻领会，从而确立正确的指导思想，以便在职业行为修炼中找准方向，强化规范意识，明确何为当为和不当为，自觉加强修炼，不断提升自我。《准则》所包含的十项准则为：坚定政治方向、自觉爱国守法、传播优秀文化、潜心教书育人、关心爱护学生、加强安全防范、坚持言行雅正、秉持公平诚信、坚守廉洁自律、规范从教行为。准则的每项内容结构一致，既提出了目标要求，又明确了师德底线。其中，目标要求既为教师职业行为修炼指明了方向，也包含了具体的规范性要求，并留有自主修炼空间。因为实现目标不可能一蹴而就，只有持续不断地努力，才能探寻多元路径进而逐级实现目标。师德底线是对每位教师的最低要求，是禁止性规定。它如同健康生活中的预防保健手册，但不是体检结果。教师若触碰底线，就必须接受惩戒。通读《准则》可知，十条准则并未涵盖教师职业行为的所有方面，而是主要针对突出问题进行规范的，涉及教师的社会责任、教师的本职工作、教师的教育对象、教师的自身修养等方面，为教师在履职尽责过程中严格自我约束、规范职业行为、加强自我修养提供了基本准则。因此，教师在职业行为修炼过程中必须以《准则》为指南和纲领，既要坚持以目标要求为中心进行自我激励，又要时刻以师德底线为标准进行自我警示，只有守"规矩"，才能成"方圆"。

第二，形成对教师职业的敬畏之心，自觉践行《准则》，这是教师修炼职业行为的关键。

实践经验表明，教师只有对教师职业怀有敬畏之心，才能正确认识教师的职业价值，认真履行职责，积极承担促进学生和社会发展的责任，全力投入专业智慧与专业情怀，深刻体验教书育人的神圣责任；同时能基于教师的职业特点，自觉强化主体的工具意识，体会教师自身对学生发展产生的深远影响。由此，教师能认同"一切为了孩子"的职业理念，自觉践行《准则》，在教书育人过程中时刻自重、自省、自警、自励，不断修炼、完善自我。

在践行《准则》的自我修炼过程中，教师还应明确，《准则》在目标要求与师德底线之间，为教师留出了较大的自主修炼空间，体现了对于教师主体性的尊重。因此，每位教师应以自主创新精神为主导，塑造各自独具魅力的职业品质。与此同时，督导者应理解、尊重教师职业品质的差异，因为不同教师在个性习惯、生理年龄、任职年限、岗位职责、职业理念等方面的差异，必然会形成修炼提升速度和自律水平的差异。只有正视差异，才能与时俱进地以高远、清晰的目标引领并激励教师不断地加强修炼，促进教师队伍的整体素质不断提升，使对教师开展的德行教育的价值实现最大化。

第三，加强督导，优化师德考评机制，这是教师修炼职业行为不可或缺的外在保障。

从各层面进行的师德考评，应以《准则》为依据，适时对各地、各校教师践行《准则》的情况进行督查，对教师修炼的成果予以认可并激励，同时对教师在修炼过程中可能出现的偏差和问题及时予以调整和解决，由此为教师队伍整体素质的不断提升提供必要的外在保障。

优化师德考评机制，旨在提升督导与评价的有效性，从而促进教师自觉地加强职业行为修炼。为此，在宏观上，应将诊断性评价、形成性评价与终结性评价相结合，在始端关注、中端督导和终端评估等方面整体统筹；在微观上，对于教师个体的考评应采取激励为主、惩戒为辅的手段，坚持激励从宽、惩戒从严的原则，以评促改。在评选师德榜样楷模时，既要注重选拔在特殊情况下有出色表现的教师，又要注重选拔在常态工作中有优秀业绩的教师。对于个别教师触碰"红线"的言行表现，应态度坚决地予以严惩；对于问题严重者，应及时将他们清除出教师队伍。在督导、评价过程中，不应放大问题，也不应过度宣传，因为不当的督导评价可能会打击众多教师修炼的积极性和自信心。有效地对教师进行督导、评估可促进教师自觉内化并践行《准则》，使教师养成良好的职业行为习惯，展示应有的职业风范。

第四，拓展多元路径，全面提升教师的综合素养，这是教师修炼职业行为的目标导向。

教师职业行为修炼是教师提升综合素养的必要路径，贯穿于教师职业生涯的始终。教师要提升综合素养，就要拓展多元路径，如阅读书刊、诊断问题、总结和反思工作经验、与同伴交流、接受培训、参与学术会议及开展相关课题的研究等。每位教师要根据工作的物质与精神环境状况，自主选择适宜而有效的路径，以职业实践为基础，多元路径并用，使专业成长中的学习修炼全方位铺开并推进，整体提升师德水平和综合素养。教师只有不断提升综合素养，才能实现以德育人的职业价值。

第五，切实提升教师的社会地位和福利待遇，这是教师修炼职业行为的动力得以维系的内在保障。

国家应提高教师工资待遇、完善职称评定机制、改善教研条件、提供继续教育机会和交流展示平台，为教师解除后顾之忧，充分尊重、信任、肯定、鼓励教师。在强调教师自尊自重、加强自我修炼的同时，应制定相关政策法规，引领全社会形成"尊师""敬师""爱师"的良好风尚，促使"尊师重教"的优良传统不断发扬光大。只有这样，在良好社会氛围的影响下，教师才能充分享受职业尊严感、荣誉感和幸福感，激发自觉加强自我修炼的内在动力，保持积极向上的心态，并以持续的动力自主追求教育的崇高理想，履行为社会主义事业培养建设者和接班人的崇高使命。

修炼一　坚定政治方向

——————— 职业行为准则 ———————

一、坚定政治方向。坚持以习近平新时代中国特色社会主义思想为指导，拥护中国共产党的领导，贯彻党的教育方针；不得在教育教学活动中及其他场合有损害党中央权威、违背党的路线方针政策的言行。

一直以来，教育的根本问题就在于"培养什么人""怎样培养人""为谁培养人"，这关系着教育的目的与方向。因为，没有明晰的目的和正确的方向，教育的根本问题就无法解决，更无从实现教育的价值。培养什么人，是教育要解决的首要问题。习近平总书记指出："我国是中国共产党领导的社会主义国家，这就决定了我们的教育必须把培养社会主义建设者和接班人作为根本任务，培养一代又一代拥护中国共产党领导和我国社会主义制度、立志为中国特色社会主义奋斗终身的有用人才。"①可见，培养社会主义建设者和接班人是新时代我国教育工作的根本任务，也是教育现代化的方向与目标。

教师要履行基本职责，就要承担教书育人、培养社会主义事业建设者和接班人、提高民族素质的使命。毫无疑问，教师必须先从自身做起，拥护中国共产党的领导和社会主义制度，并从思想认识上认同社会主义社会培养人才的总要求。教师在整个职业生涯中，要始终坚持以正确的政治思想理论为

————

①　中共中央党史和文献研究院：《十九大以来重要文献选编（上）》，647 页，北京，中央文献出版社，2019。

指导，确立正确的理想信念；在日常工作与生活中，自我约束、自我激励，并引领学生健康成长。只有这样，教师才能在教育教学中不至迷失方向，确保教育目的顺利实现，完成为社会培养合格人才的使命。

可见，坚定政治方向，是基于教师的角色定位及教师应有的职责担当而提出的基本从业要求，是教师实现职业价值的方向性保证。在新时代，坚定政治方向作为所有教师都必须遵守的首条职业行为准则，有重要的理论意义和现实意义，每位教师必须认真学习领会并自觉践行。

准则要义

1. 坚持以习近平新时代中国特色社会主义思想为指导，拥护中国共产党的领导，贯彻党的教育方针

这是中小学教师要遵守的最基本的职业行为准则。政治方向是一个政党所认定的奋斗目标，通常包含长远目标和在某一特定历史阶段的近期目标两个层次。政治方向具有终极性、全局性、根本性和方向性。政治方向为每个人指明了奋斗方向和奋斗目标。中国共产党以马克思列宁主义、毛泽东思想、邓小平理论、"三个代表"重要思想、科学发展观、习近平新时代中国特色社会主义思想作为自己的行动指南。在习近平新时代中国特色社会主义思想指导下，中国共产党领导全国各族人民实现了第一个百年奋斗目标，踏上了实现第二个百年奋斗目标的新征程。全国各族人民应在中国共产党的领导下为全面建成社会主义现代化强国、实现第二个百年奋斗目标而努力，以中国式现代化推进中华民族伟大复兴。

对于中小学教师而言，将坚定政治方向作为基本行为准则，其主要含义可从以下几点来理解。

第一，坚持以习近平新时代中国特色社会主义思想为指导。

习近平新时代中国特色社会主义思想是一个博大精深的科学理论体系：科学地回答了新时代坚持、发展中国特色社会主义的总目标、总任务、战略布局和发展方向、发展方式、发展动力、战略步骤、外部条件、政治保证等基本问题，并根据新的实践对经济、政治、法治、科技、文化、教育、民生、民族、宗教、社会、生态文明、国家安全、国防和军队、"一国两制"和祖国

统一、统一战线、外交、党的建设等方面做出理论分析和政策指导。这一科学理论体系，是中国特色社会主义理论体系的重要组成部分，是对中国特色社会主义理论体系的重大发展。

习近平新时代中国特色社会主义思想是围绕"新时代坚持和发展什么样的中国特色社会主义、怎样坚持和发展中国特色社会主义"这一时代主题而展开的，以全新的视野深化对共产党执政规律、社会主义建设规律、人类社会发展规律的认识，是经过艰辛理论探索取得的重大理论创新成果。它的诞生是对马克思列宁主义、毛泽东思想、邓小平理论、"三个代表"重要思想、科学发展观的继承和发展，是马克思主义中国化的最新成果，是党和人民的实践经验和集体智慧的结晶。

坚持以习近平新时代中国特色社会主义思想为指导，是落实党的二十大精神，发展社会主义教育事业的需要。教育战线上的干部、教师都要牢固树立和贯彻落实新发展理念，坚持教育为人民服务、为中国共产党治国理政服务、为巩固和发展中国特色社会主义制度服务、为改革开放和社会主义现代化建设服务，全面贯彻党的教育方针，落实立德树人根本任务，培养德智体美劳全面发展的社会主义建设者和接班人。

第二，拥护中国共产党的领导。

这首先是对教师作为中国公民提出的基本要求。《中华人民共和国宪法》（以下简称《宪法》）的序言指出："中国新民主主义革命的胜利和社会主义事业的成就，是中国共产党领导中国各族人民，在马克思列宁主义、毛泽东思想的指引下，坚持真理，修正错误，战胜许多艰难险阻而取得的。我国将长期处于社会主义初级阶段。国家的根本任务是，沿着中国特色社会主义道路，集中力量进行社会主义现代化建设。中国各族人民将继续在中国共产党领导下，在马克思列宁主义、毛泽东思想、邓小平理论、'三个代表'重要思想、科学发展观、习近平新时代中国特色社会主义思想指引下，坚持人民民主专政，坚持社会主义道路，坚持改革开放，不断完善社会主义的各项制度，发展社会主义市场经济，发展社会主义民主，健全社会主义法治，贯彻新发展理念，自力更生，艰苦奋斗，逐步实现工业、农业、国防和科学技术的现代化，推动物质文明、政治文明、精神文明、社会文明、生态文明协调发展，把我国建设成为富强民主文明和谐美丽的社会主义现代化强国，实现中华民族伟大复兴。"《宪法》的第一条规定："中华人民共和国是工人阶级领导的、以工农联盟为基础的人民民主专政的社会主义国家。社会主义制度是中华人民共和国的根本制度。中国共产党领导是中国特色社会主义最本质的特征。禁止任何组织或者个人破坏社会主义制度。"《宪法》的第五十三条规定："中华人民共和国公民必须遵守宪法和法律,保守国家秘密,爱护公共财产,遵守劳动纪律,遵守公共秩序,尊重社会公德。"因此,拥护中国共产党的领导是教师的义务。

另外,《中华人民共和国教师法》(以下简称《教师法》)规定教师应当履行的基本义务是:"遵守宪法、法律和职业道德,为人师表。"可见,教师要履行教育教学的基本职责,落实立德树人根本任务,就要做拥护党的领导的楷模和带头人。为此,在整体上必须确保党牢牢掌握教师队伍建设的领导权,保证教师队伍建设的正确的政治方向。教师在日常教育教学工作和社会生活中,应处处维护党的领导,贯彻执行党和国家的路线方针政策,宣传党的主张,维护党的权威。

第三,贯彻党的教育方针。

《教师法》还对教师应履行的义务做了如下规定:"贯彻国家的教育方针,遵守规章制度,执行学校的教学计划,履行教师聘约,完成教育教学工作任务。"教育方针是关于教育工作的总要求,是关于教育目的的政策性表达。它是确定教育事业的发展方向、指导整个教育事业发展的战略原则和行动纲领。

中华人民共和国成立以来,关于教育方针的表述也随着社会的发展发生了一些变化。1957年,毛泽东在《关于正确处理人民内部矛盾的问题》中提出:"我们的教育方针,应该使受教育者在德育、智育、体育几方面都得到发展,成为有社会主义觉悟的有文化的劳动者。"[①] 1995年,《中华人民共和国教育法》(以下简称《教育法》)颁布,其中对教育方针的表述如下:"教育必须为社会主义现代化建设服务、为人民服务,必须与生产劳动和社会实践相结合,培养德、智、体、美等方面全面发展的社会主义建设者和接班人。"2012年,党的十八大召开,胡锦涛在大会上做了报告,报告指出,要坚持教育优先发

---

① 毛泽东:《关于正确处理人民内部矛盾的问题》,45页,北京,人民出版社,1966。

展，全面贯彻党的教育方针，"坚持教育为社会主义现代化建设服务、为人民服务，把立德树人作为教育的根本任务，培养德智体美全面发展的社会主义建设者和接班人"①。

习近平总书记在 2018 年全国教育大会上指出："党中央经过慎重研究，决定把劳动教育纳入社会主义建设者和接班人的要求之中，提出'德智体美劳'的总体要求。"②习近平总书记还强调，在党的坚强领导下，全面贯彻党的教育方针，坚持马克思主义指导地位，坚持中国特色社会主义教育发展道路，坚持社会主义办学方向，立足基本国情，遵循教育规律，坚持改革创新，以凝聚人心、完善人格、开发人力、培育人才、造福人民为工作目标，培养德智体美劳全面发展的社会主义建设者和接班人，加快推进教育现代化、建设教育强国、办好人民满意的教育。这是对新时代党的教育方针的高度概括和全新表述。它既与以往的教育方针一脉相承，也反映了新时代中国特色社会主义的社会发展和经济形势对教育提出的新要求，同时还回应了新时代教育实践中出现的新问题，指明了在今后一段时期内中国特色社会主义教育事业发展的方向与重点。习近平总书记在讲话中突出了劳动教育的地位和作用，将劳动教育重新纳入教育方针，再现了"五育并举"格局，更加完整地表述了"促进人的全面发展"教育的体系框架和实践逻辑。

2021 年修订的《教育法》将劳动教育纳入总则，提出"培养德智体美劳全面发展的社会主义建设者和接班人"。2022 年 10 月 16 日，习近平总书记在党的二十大上做了报告，他指出："教育是国之大计、党之大计。培养什么人、怎样培养人、为谁培养人是教育的根本问题。育人的根本在于立德。全面贯彻党的教育方针，落实立德树人根本任务，培养德智体美劳全面发展的社会主义建设者和接班人。"③综上，立德树人和全面发展是党的教育方针的核心要义。

---

① 胡锦涛：《坚定不移沿着中国特色社会主义道路前进 为全面建成小康社会而奋斗——在中国共产党第十八次全国代表大会上的报告》，35 页，北京，人民出版社，2012。

② 中共中央党史和文献研究院：《十九大以来重要文献选编（上）》，653 页，北京，中央文献出版社，2019。

③ 习近平：《高举中国特色社会主义伟大旗帜 为全面建设社会主义现代化国家而团结奋斗——在中国共产党第二十次全国代表大会上的报告》，34 页，北京，人民出版社，2022。

2. 不得在教育教学活动中及其他场合有损害党中央权威、违背党的路线方针政策的言行

这是中小学教师在加强政治修炼过程中不可逾越的基本底线。

从教师的角色定位看，教师作为学生发展的领路人、党的路线方针政策的执行者和宣传者、社会主义精神文明的建设者，应自觉加强政治修炼，提升政治素养。在教育教学活动的各个环节和不同场域中，无论是课堂教学，还是实践活动；无论是在校内，还是在校外；无论是有意的系统讲授，还是无意的性情表达……教师的言行举止都不得有悖于法律和法规，且不能有向学生传播损害党中央权威、违背党的路线方针政策的言行。

教师出现逾越底线的言行，不仅会直接影响学生对党的领导的拥护、对党的路线方针政策的理解认同，最终影响学生的成才方向；而且会损害教师的职业形象、职业尊严，致使教师无法落实立德树人根本任务，进而阻碍社会文明进步发展。

《教师法》规定，教师有义务"对学生进行宪法所确定的基本原则的教育和爱国主义、民族团结的教育，法制教育以及思想品德、文化、科学技术教育，组织、带领学生开展有益的社会活动"；教师有义务"不断提高思想政治觉悟和教育教学业务水平"。

《中小学教师违反职业道德行为处理办法（2018年修订）》规定，教师在教育教学活动中及其他场合有损害党中央权威、违背党的路线方针政策的言行，是违反职业道德行为，应予处理。处理包括处分和其他处理。处分包括警告、记过、降低岗位等级或撤职、开除。警告期限为6个月，记过期限为12个月，降低岗位等级或撤职期限为24个月。是中共党员的，同时给予党纪处分。其他处理包括批评教育、诫勉谈话、责令检查、通报批评，以及取消在评奖评优、职务晋升、职称评定、岗位聘用、工资晋级、申报人才计划等方面的资格。取消相关资格的处理执行期限不得少于24个月。教师涉嫌违法犯罪的，及时移送司法机关依法处理。

《中华人民共和国刑法》（以下简称《刑法》）第一百零三条规定："煽动分裂国家、破坏国家统一的，处五年以下有期徒刑、拘役、管制或者剥夺政治权利；首要分子或者罪行重大的，处五年以上有期徒刑。"第一百零五条规定：

"以造谣、诽谤或者其他方式煽动颠覆国家政权、推翻社会主义制度的，处五年以下有期徒刑、拘役、管制或者剥夺政治权利；首要分子或者罪行重大的，处五年以上有期徒刑。"

案例评析

案例一

站上讲台，就是用生命在歌唱

——记上海市杨浦高级中学名誉校长、语文特级教师于漪

真爱育人——"课一定要教到学生心中"

"于老师的语文课就是有魔力！"时隔20多年，上海外国语大学附属双语学校的老师沈一敏对于漪老师的课仍记忆犹新。她表示，上于漪老师的课，不是在学习课文，而是在跟高尚的人物谈话，是在文字的灿烂世界中翱翔。

学语文就是学做人。伴随语言文字读、写、听、说训练；渗透着认知教育、情感教育和人格教育。语言文字不是单纯的符号系统，而是一个民族认识世界、阐释世界的意义体系和价值体系。这既体现了于漪几十年语文教学实践的经验，也体现了在语文教学中开展素质教育的教学理念。于漪常说："课一定要教到学生心中，要把民族精神和爱国主义渗透其中。"

教学改革——"我们的教育方法也要随时代改变"

在教《卖油翁》时，于漪准备了一枚铜钱，当讲到卖油翁"乃取一葫芦置于地，以钱覆其口，徐以杓酌油沥之，自钱孔入，而钱不湿"时，她出示了一枚铜钱。学生边听边看，既领会了"沥"字之妙，又惊叹于老翁的绝技。

于漪提出了"教文育人"的思想，即以培养"全面发展的人"为目标，构建了以"思维训练"为核心的语文教育理论。她还倡导"弘扬人文"，在全国范围内引发了教师对语文性质观的反思，促进了语文学科从应试教育向素质教育的转变。

"时代在变化，学生在变化，我们的教育方法也要随时代改变。"于漪表示，教师不要轻易对学生说"不"。于漪还表示，一些老师埋怨现在的学

生太淡漠，其实他们没有走进学生的内心。教师在传授知识的同时也要灌溉学生的情感这块"盐碱地"，必须找准切入点。学生喜欢某个歌手的歌，她也去认真听，她发现这个歌手的歌风格独特，歌词也有文化含量，最主要的是自我陶醉式的演唱适合学生自我倾诉。做教育，要知其然，知其所以然。

"不要让题海毁了孩子！""好好钻研学科的规律，将语文教学与民族精神教育、生命教育无缝焊接，唤醒孩子青春的心灵……"在一次教学研讨活动中，于漪的话字字句句都掷地有声，回响在礼堂中的每一位教师的耳畔。青年教师都说，于漪就是"活的教育学"。

"教书除了传授知识、发展智力，最重要的是熏陶思想。教师要站在时代和民族发展的高点上，将平凡的工作和孩子的今天、祖国的明天联系在一起。今天的学生质量，就是明天的国民素质，更是后天的民族竞争力。"于漪常常对青年教师这样说。

在于漪的心目中，教育永远是一块圣土。她在这块圣土上以青春演绎着精彩，以生命创造着美丽，为中国教育事业的发展竭尽全力。

评析

案例中的于老师为读者展现了一位优秀教师通过语文学科教学贯彻落实党的教育方针的所思所为。于老师在学科教育实践中诠释了教师的基本责任，解读了"教书育人"的真谛。

于老师作为我国中小学教师群体中的一员，可谓用生命在讲台上放声歌唱，唱响了教师追求教育理想之声，演绎了教师执着教书育人之情。正因为在教师队伍中还有以于老师为代表的教育者在教育圣土上辛勤耕耘，才让学生享受成长的愉悦，也让家长欣慰、放心，更让全社会对教育充满信心和希望。我们应有充分的理由相信：在像于老师这样的教师的共同努力下，学生全面发展的目标将不再仅停留于教育发展的蓝图中，而将落实在学习过程中；教师的教育教学职责不再仅见于法律法规中，而是被赋予了生动的现实内涵；教育的社会价值不再是抽象的概念，而是在语文学科教学实践中能得以实现的内容。

案例二

一教师因发表不当言论被处分

他是一位从教多年的人民教师，曾通过自身努力获得硕士学位，却因为随意发表言论而受到处分……

某市某区纪委监委派驻教育局纪检监察组收到一条关于该教师违反政治纪律问题的线索。据反映，李某在微信群内乱发不当言论，在"朋友圈"转发的文章下也发表了不当评论。

相关负责人了解该情况后立即派人查清了事实，给予李某行政记过处分。

事后，李某深刻认识到了自己的错误。他表示，他自认为在微信群、"朋友圈"发一些负面评论能显得他知道得多，有"能耐"，就是在小范围内开了个"玩笑"，不会造成什么大的影响……经过教育，才知道自己的行为违反了政治纪律。

李某还表示会虚心接受教育，以后一定要加强政治思想、师德师风学习，严格遵守政治纪律，知敬畏、明底线。

评析

案例中的教师李某因发表不当言论而被处分，他的行为给广大教师敲响了警钟。

幼儿园教师、中小学教师、各级各类高等学校教师都应明确：只要站上了中国教育的讲台，就要遵守中国的教师职业行为基本准则，就必须坚定政治方向。政治方向不是一个空洞的概念，它需要每位教师在教育教学过程中、师生互动过程中准确把握。教师要以习近平新时代中国特色社会主义思想为指导，拥护党的领导，认真贯彻党的教育方针。教师必须强化政治修炼的底线意识，始终注意自身的言行举止，不触及、不超越基本底线，在教育教学活动及其他场合中不可有任何损害党中央权威、违背党的路线方针政策的言行表现。

很显然，李某的言行逾越了教师应有的政治修养的底线。他忘却了教师职业角色的特殊性，缺乏对教师职业的敬畏之心。作为教师，个人言行偏离了正确的政治方向，也就无从保证学生在其影响下能沿着正确的政治方向学习、成才，顺利成长为社会主义事业的建设者和接班人。李某在接受了处分、教育后，深刻认识到了教师随意发表言论造成的危害，反思了教师坚定政治方向、强化政治意识的重要意义。每位教师均应引以为戒，规范自己的言行，坚定政治方向，尽心尽力地担起为国家培养人才的重任。

践行指导建议

1. 积极学习、了解党和国家的政治政策，增强政治意识，提高政治觉悟

亚里士多德说："人是天生的政治动物。"教育作为培养人的社会活动，其活动性质与目的、领导权均受国家政治制度制约。因此，教育是国家政治的重要体现。那么，教师作为专业教育者，要履行教书育人的天职，就不能不懂政治，必须有一定的政治意识和政治觉悟，并有不断提升政治修炼水平的理性自觉。这就需要教师在职业实践中，首先克服"两耳不闻窗外事，一心只教圣贤书"的错误思想，充分认识国家发展与小家、个人发展的关系，国家政治经济发展与教育发展的关系，教师政治修炼与学生成长的关系。另外，教师在完成学校的工作任务的同时，要养成关心政治的好习惯，自觉利用多种路径，加强政治理论学习，了解新时代党和国家政治政策的基本精神及重大时事政治，多听、多看、多思、多想，不断增强政治意识，提高政治觉悟，形成正确的政治观念，确保在正确方向的引领下，实现职业价值。

2. 深入学习、领会习近平总书记关于教育的重要论述，深化对教育的政治性认识

根据教育基本理论，教育具有社会性，即教育与社会、政治、经济、文

化、科技具有相互制约、相互促进的关系。其中，教育与政治的关系表现为如下两方面：一方面，政治决定了教育的性质、目的、部分内容；另一方面，教育也通过政治文化的传播、政治人才的培养，促进人的政治社会化，影响着政治的发展。因而，教师要全面履行教师职责，实现教育的社会价值，必须首先强化社会责任意识，全面提升个人专业素养。在加强学科专业理论学习的同时，必须加强教育理论和政治理论学习，认识、理解教育与社会发展的关系。尤其需要深入学习、领会习近平总书记关于教育的重要论述，深化对教育的政治性认识。

习近平总书记关于教育的重要论述内涵丰富、博大精深，既根植于中华民族崇文重教的优良传统，又体现了中国特色社会主义进入新时代的鲜明特征，是马克思主义基本原理与中国教育实践相结合的理论结晶，是习近平新时代中国特色社会主义思想的重要组成部分，为加快推进教育现代化、建设教育强国提供了强大的思想武器和行动指南。广大教师一定要学深悟透，切实增强思想自觉性和行动

> 中国特色社会主义最本质的特征是中国共产党领导，中国特色社会主义制度的最大优势是中国共产党领导，党是最高政治领导力量。
>
> ——习近平：《决胜全面建成小康社会 夺取新时代中国特色社会主义伟大胜利——在中国共产党第十九次全国代表大会上的报告》，25 页，北京，人民出版社，2017

自觉性，认真落实习近平总书记对教育工作的指示和要求，并力争在实际工作中取得实效。

3. 学校应加强基层党组织建设，为教师拥护党的领导提供组织保证

各中小学应为教师拥护党的领导提供组织保证，应加强教师队伍的基层党组织建设，注重选举党性强、业务精、有威信、肯奉献的优秀党员教师担任党支部书记，定期开展党支部书记轮训；引导党员教师增强政治意识、大局意识、核心意识、看齐意识，自觉爱党、护党、为党，敬业修德，奉献社会，争做有理想信念、有道德情操、有扎实知识、有仁爱之心的"四有"好老师的示范标杆；健全把骨干教师培养成党员，把党员教师培养成教学、科研、

管理骨干的"双培养"机制。

在建立教师基层党支部的基础上，应将全面从严治党的要求落实到每个教师党支部和教师党员身上，把党的政治建设摆在首位，用习近平新时代中国特色社会主义思想武装头脑，充分发挥教师党支部的教育、管理、监督、宣传、引导、凝聚作用，充分发挥党员教师的先锋模范作用。

> 把提高教师思想政治素质和职业道德水平摆在首要位置，把社会主义核心价值观贯穿教书育人全过程，突出全员全方位全过程师德养成，推动教师成为先进思想文化的传播者、党执政的坚定支持者、学生健康成长的指导者。
>
> ——《中共中央 国务院关于全面深化新时代教师队伍建设改革的意见》，载《中华人民共和国国务院公报》，2018(5)

4. 全体教师应认真贯彻落实党的教育方针，共同促进学生的全面发展

要求全体教师加强政治修炼的根本目的在于：认真贯彻落实党的教育方针，培养出社会所需要的一批批人才。全体教师必须首先学习、领会党中央在新时代提出的教育方针的基本精神。

教育方针是关于教育目的的政策性表达，反映的是在特定社会时代背景下，党对教育提出的基本政策和指导思想。它既表明了社会政治经济发展对教育的总要求，也表明了教育发展的总方向。很显然，在教育实践中，要实现教育目的，就必须贯彻落实教育方针，即以立德树人为根本任务，以培养创新精神和实践能力为重点，通过德育、智育、体育、美育、劳育促进学生全面发展，培养社会主义事业的建设者和接班人。

教师应通过理论学习、实践探索、责任意识强化等路径，自主激活积极贯彻党的教育方针的内在动力，保质、保量地完成好日常教育教学工作。

此外，学校各级领导应对教师的教育工作给予基本的尊重，对教师的专业成长给予必要的支持与理解，对教师的生活给予真诚的关怀与帮扶。同时，全社会应共同努力，提高教师的社会地位及福利待遇。只有这样，全体教师才能在工作中享有成就感、幸福感，才能维系持续的动力，不断发掘自身潜力，促进学生的全面发展。

追问与分享

1. 追问一

根据"坚定政治方向"这一职业行为准则，新时代的全体教师都必须拥护中国共产党的领导。那么，在教育实践中，教师应如何从思想上和行动上坚定政治方向呢？

分享

拥护中国共产党的领导、坚定政治方向不仅需要教师在态度上明确表达，而且需要在思想上深刻认同、在行动上自觉落实。

教师在具体的教育实践中，应从如下两方面进行修炼。

其一，在思想上，教师要积极、认真地学习，及时了解国家的政治、经济发展形势，掌握党的路线方针政策，尤其要深刻领会新时代党的教育方针及其他关于教育发展的新政策、新指示，并且能在学习内化的基础上，形成正确的教育指导思想，确立正确的教育教学理念并坚定信念。教师在具体工作中，不仅要明确教育教学的具体目标要求，而且要找准工作的基本方向、根本目的。与此同时，教师要积极要求政治思想进步。一方面，教师队伍里的党员应努力从政治思想、专业实践与社会生活等多方面，充分发挥示范引领作用；另一方面，未加入中国共产党的教师应在尽职尽责的同时，不断完善自我，积极向基层党组织靠拢，主动申请加入中国共产党，努力以更高的标准要求自己。

其二，在行动上，教师要坚持以社会主义核心价值观为行动纲领，以身立教。第一，做到从严自律，以德立身。无论在任何时间、空间，包括课上与课下、校内与校外、独处时与他人交往时，都能谨言慎行，严守教师职业行为的底线，不得有损害党中央权威、违背党的路线方针政策的言行。在确保思想言行不触及底线的基础上，力求合乎基本职业规范，并不断释放正能量，成为学生的榜样、世人的表率、社会的楷模。第二，自主激活贯彻落实党的教育方针的内在动力，完成好立德树人根本任务。工作上高标准、严要求，勤于钻研，精益求精，勇于开拓创新。在完成具体的教育教学任务时，注重从细节入手，不断提升每个工作环节的质量效益，能全身心投入促进学生学习知识、提升能力与修养品德的工作中。其中，尤其应注重携手专业同伴，利用学校教育教学资源优势，以德育系列课程为主的多元路径，引导学生学习、了解党和国家的发展历史、当今现状与未来走向，理解党和国家的大政方针，正确认识个人成长与党的领导、国家建设、社会发展的关系，培养学生对党、对国家的敬仰之情以及社会责任意识。第三，关心学生的政治思想进步情况，引导不同学段的学生学习和了解中国少年先锋队、中国共产主义青年团、中国共产党的组织原则，激励优秀学生积极申请加入组织。同时，自觉协同学校基层党、团、队的组织力量，共同加强对学生的政治思想教育，不断提升学生的政治素养。

2. 追问二

将立德树人作为教育的根本任务，是否会在教育实践中形成"德育压倒一切"的倾向？

分享

教师只要从理论到实践都能正确把握立德树人的内涵及任务要求，是不会形成"德育压倒一切"的倾向的。

首先，从教育理论研究看，立德树人是发展中国特色社会主义教育事业的核心所在，是培养德智体美劳全面发展的社会主义建设者和接班人的本质要求。落实立德树人根本任务，是提高国民素质、建设社会主义现代化强国的战略行动，是适应教育内涵发展、基本实现教育现代化的必然要求，其根本宗旨在于让每个学生都能成为有用之才。人才培养是育人和育才相统一的过程。习近平总书记在全国教育大会上把劳动教育纳入社会主义建设者和接班人的培养要求之中，提出了德智体美劳全面发展的总体要求，并对如何培养社会主义建设者和接班人提出了明确要求，这是对党的教育理论的重大创新。简言之，我们要完成立德树人根本任务，就必须遵循教育规律和学生成长规律，努力构建德智体美劳全面培养的教育体系，把立德树人落实到教育工作的各领域、各环节中，使素质教育具体化。

其次，从社会发展要求看，进入21世纪以来，经济全球化深入发展，信息网络技术突飞猛进，各种思想文化的交流、交锋更加频繁，学生的成长环境发生了深刻变化。我们办的是社会主义教育，要为社会发展、知识积累、文化传承、国家存续、制度运行培养人才。可见，时代和社会发展都需要进一步提高国民的综合素质，培养创新人才。

最后，从教育发展现实看，目前我国中小学教育与立德树人的要求还存在一定差距，主要表现在学生的社会责任感、创新精神和实践能力有待提高，教师的育人意识和能力有待加强。所以教师必须高举中国特色社会主义伟大旗帜，推动社会主义核心价值观进教材、进课堂、进头脑，着力培养学生高尚的道德情操、扎实的科学文化素质、健康的身心、良好的审美情趣，努力使学生具有中华文化底蕴、中国特色社会主义共同理想、国际视野，成为社会主义的合格建设者和可靠接班人。

总之，根据新时代党的教育方针，教师只要认真贯彻落实立德树人根本任务，就不可能形成"德育压倒一切"的倾向。

思考与实践

(1)请结合自身工作实际，谈谈如何正确理解并有效落实立德树人根本任务。

(2)请以班级管理中的突出问题为出发点，融入社会主义核心价值观的教育内容，设计一堂班会课。

相关资料链接

修炼二　自觉爱国守法

━━━━━━━━━ 职业行为准则 ━━━━━━━━━

　　二、自觉爱国守法。忠于祖国，忠于人民，恪守宪法原则，遵守法律法规，依法履行教师职责；不得损害国家利益、社会公共利益，或违背社会公序良俗。

　　随着我国教师资格制度的确立，人们要想成为一名教师，必须先获取教师资格。爱国守法是我国评定教师资格的重要准则之一。《教师法》第十条规定："中国公民凡遵守宪法和法律，热爱教育事业，具有良好的思想品德，具备本法规定的学历或者经国家教师资格考试合格，有教育教学能力，经认定合格的，可以取得教师资格。"可见，教师资格构成要件包括国籍、品德、业务、学历和认定五个方面。

　　毫无疑问，从身份上说，教师作为一名中国人，自然要先忠于国家及人民，在享受权利的同时，还需要承担社会责任和义务。从教师的职业身份上说，作为一名中国的专业教师，在享有专业自主权的同时，必须履行基本职责，遵守职业行为准则。

　　教师所需遵循的行为准则具有特定性。爱国爱民、恪守宪法、遵守法律法规是每个公民应遵守的行为准则；依法执教，特别是依照教育法规政策教书育人、爱生敬业，则是每位中国教师应遵守的特定的职业行为准则。

教师在履行职责的过程中，一方面，要把握好爱国守法这一准则，为教育实践定准基调，不迷失方向；另一方面，还要将这一准则落实并融入教育实践的特定要求之中，使它得以落实，而避免空谈误教。这样，教育实践才能呈现爱生敬业、遵纪守法、实干兴教的生动局面。

> 　　爱国，不能停留在口号上，而是要把自己的理想同祖国的前途、把自己的人生同民族的命运紧密联系在一起，扎根人民，奉献国家。
>
> 　　——习近平：《在北京大学师生座谈会上的讲话》，载《人民日报》，2018-05-03

准则要义

1. 忠于祖国，忠于人民，恪守宪法原则，遵守法律法规，依法履行教师职责

这是教师要遵守的"自觉爱国守法"行为准则的基本要求，主要包含以下两层含义。

一是忠于祖国，忠于人民。

忠于祖国，忠于人民是指把自己对祖国、对祖国人民的情感认同——千百年来建立起来的一种深厚情感，转化为理性的爱国意识和自觉的爱国行为，表现为真心诚意地、尽心竭力地、一心专注地、始终如一地服务祖国、奉献人民。

其实，祖国与国家是有一定区别的：前者是一个更为广泛的概念，包含地域、文化、历史、宗教、民族及人种的概念；而后者是一个政治概念，指一个政治权力机构。祖国与国家通常又是有同一性的概念，因为从本质上看，国家是在一个地域内共同生活的一个或多个民族为了存在和发展而结成的稳定、独立的有机关系体，以及附属于这个关系体的土地、文明和公共设施的统称。因此，忠于祖国总是与忠于祖国的人民、土地以及文化等紧密相连的。

忠于祖国和人民是中华民族精神的核心，是社会主义核心价值体系中的重要内容，为社会主义核心价值观的确立提供了广泛的价值认同基础。一个中国人，不管属于哪一个民族，也不管宗教信仰是什么，他首先是国家的一

员，因而，热爱并忠于祖国和人民就成为所有人共享的价值观。对于教师，培育和弘扬爱国情感，自然成为师德建设的一项重要任务。

忠于祖国和人民是一个历史范畴的概念，在社会发展的不同时期、不同阶段有着不同的内涵。在新民主主义革命时期，它主要表现为致力于把黑暗的旧中国改造为光明的新中国。在社会主义建设探索时期，它主要表现为全身心地投入热火朝天的社会主义建设中。在中国特色社会主义新时代，它主要表现为为实现中华民族的伟大复兴而奋斗。

对于教师来说，忠于人民最具体的体现就是始终如一地爱学生，即关心、理解、尊重、呵护、教育好每个学生，确保每个学生全面发展。这是教师职业道德的要求，也是教师服务祖国和人民所肩负的使命。

二是遵纪守法，依法执教。

我国实行依法治国，是社会主义法治国家。宪法是我国的根本法，一切法律、行政法规和地方性法规都不得同宪法相抵触，任何组织或者个人都不得有超越宪法和法律的特权。恪守宪法，遵守法律法规，是每个中国公民的行为准则。因此，每位教师应当努力成为学法、守法、用法，弘扬社会主义法治理念的典范。

> 我所说的美德，在共和国里就是爱国，也就是爱平等。这既不是伦理美德，也不是基督教美德，而是政治美德。
>
> ——[法]孟德斯鸠：《论法的精神》上卷，许明龙译，1页，北京，商务印书馆，2017

> 全面推进依法治国，必须坚持严格执法。法律的生命力在于实施。如果有了法律而不实施，或者实施不力，搞得有法不依、执法不严、违法不究，那制定再多法律也无济于事。
>
> ——习近平：《在十八届中央政治局第四次集体学习时的讲话》，见中共中央文献研究室：《习近平关于全面依法治国论述摘编》，57页，北京，中央文献出版社，2015

教师要做到依法执教，需要在履行职责的过程中，遵守《教育法》以及一系列教育政策和法律法规。教师应学习和了解有关学生生存、发展和保护的法律法规及政策规定，这是教师依法履行教书育人职责的根本前提。其实，依法执教也是落实依法治国基本方略的具体体现，对促进教育改革和发展具有重要意义。

　　总之，爱国守法是在政治层面上对教师提出的处理与国家和人民关系的基本行为准则。忠于祖国和人民反映的是教师应具备的政治思想、情感和立场，而依法履行教师职责则集中体现了教师践行忠于祖国和人民的根本行为准则。

2. 不得损害国家利益、社会公共利益，或违背社会公序良俗

　　这是从爱国守法方面对教师做出的底线要求，如果逾越这个底线，教师就须接受不同程度的惩罚。

　　国家利益、社会公共利益和社会公序良俗虽然有着不同的定义，但是三者的内涵也有交叉的内容：国家利益中包含着社会公共利益，社会公共利益中包含着社会公序良俗。

　　首先，所谓国家利益，即国家为满足以生存发展为基础的各方面需要，维护自身的安全、繁荣和发展而必须保护的一系列利益，是国家的经济利益、政治利益、文化利益、安全利益和外交利益等方面的有机统一体。无论在课堂内外或在校内校外，中小学教师直接做出出卖国家利益、有损国格的事或说有辱国家形象的话的情况不太普遍。但是如果教师缺乏自觉维护国家利益的意识，就会出现间接地损害国家利益的情况。例如，有个教师在课堂上宣扬"金钱至上"的观点，甚至不经意地宣称："将来你们要不能成为百万富翁就别来见我！"教师的教诲直接影响着学生的世界观、人生观、价值观，决定着人才的发展方向和培养质量，从而关系着国家和民族的未来。因此，教师的不当言论也就间接地损害了国家利益。

　　其次，所谓社会公共利益，即法理上通常所说的公共利益，是属于社会全体成员的利益。公共利益范畴的核心内容就是公共性，基本内涵是指在特定社会历史条件下，从私人利益中抽象出来能够满足共同体中全体或大多数社会成员的公共需要，经由公共程序并以政府为主导所实现的公共价值。例如，有个别教师索要、收受学生及家长的财物，参加由学生及家长付费的宴请、旅游、娱乐休闲等活动，向学生推销图书报刊、教辅材料、社会保险，或利用家长资源谋取私利。有个别教师在课上有保留地讲课，如此"留一手"的做法，令家长极度反感，在社会上造成了恶劣影响。有个别教师在家长会上有意公布学生的成绩和名次等学业信息，公然羞辱学业表现不理想的学生，

不尊重学生和家长的人格。家长因而称家长会是"公审会",对此极其反感。这些行为会对家长这个共同体的利益造成一定程度的损害。

最后,所谓社会公序良俗,是指国家的公共秩序和社会的一般道德:公序,即公共秩序,是指国家存在及发展所必需的一般秩序;良俗,即善良的风俗,是指社会存在及发展所必需的一般道德。例如,有个别教师在公共场所中,如学校、校园、课堂,做出了有悖于公序良俗之事,造成了不良影响。例如,有个别教师采用残暴的方式虐待学生,引起了媒体广泛关注和社会强烈不满;为通过职称评定,使用抄袭、贿赂等方式发表论文;在办公室偷偷打麻将赌钱;以了解学生为名,偷看学生日记、私拆学生信件;不遵守约定俗成的教师基本职业行为规范——教师的举止应温文尔雅,穿着更应当得体,个别女教师穿超短裙、吊带衫,个别男教师穿短裤、背心、拖鞋进教室……种种行为不仅损害了公共秩序、伤风败俗,而且损害了教师的形象、学生的身心健康。

案例评析

案例一

一位女教师的心愿和行动

女教师吴丰的父母早逝,她从小跟着大姨长大。小时候大姨给她讲的外公在抗日战争中为保家卫国而牺牲的故事深深地刻印在她幼小的心灵中。大学毕业后,她毅然离开了家乡,来到了内蒙古当了一名人民教师。刚开始时,吴丰并不适应这里的生活,身体逐渐瘦了下去,只剩80来斤。大姨来探望她时,心疼得直掉眼泪。有一次,吴丰的表弟动员她离开这里,过舒适的生活,她却誓不改志。她说:"有那么多先辈为保家卫国把命都舍去了,我不过放弃点儿舒适的生活而已。我只想为祖国的教育事业做些贡献。为报效国家而付出是值得的!"

她是这样说的,也是这样做的。学校的五(2)班是最让人头疼的班,学习、纪律都比较差,从三年级到五年级已换了四个班主任,吴丰是第五个接班的班主任。

在开学的第一天，吴丰就告诉学生："我是主动要求到咱们班来的。"学生都愣了。看着大家那惊异的眼神，她说："我有个故事，你们想听吗？听完故事你们就知道我为什么选择咱们班了。"她给大家讲了一个这样的故事。一个人从深山里背回一块大石头，全村的人都嗤笑他，他没理他们，因为他相信这是块儿宝石，只不过深藏在石头里而已。回家之后，他敲开石头，果然发现了一颗又大又亮的蓝宝石……讲完故事，她对学生说："大家知道我为什么选择咱们班了吗？"学生欢腾了，他们说："因为老师相信咱们班不是石头，是宝石！"

吴丰知道，要让这些"姥姥不疼舅舅不爱"的学生找回自尊心和自信并不容易。她也知道这将是一场较量，首先是与旧的自我斗争，其次是与周围的环境斗争。

班里有两名学生常被大家当作"问题学生"。然而，吴丰尝试与他们交往之后，发现事实上他们只是反应慢了点儿，知识基础薄了点儿，而仅凭这些就给学生"贴标签"，这令吴丰痛心疾首。吴丰将更多的精力放在了这两名学生身上，给予他们关爱鼓励，尽心地辅导他们。不久，这两名学生不仅学习成绩很快上来了，而且在课堂上开始积极举手发言了。课下，他俩还常提醒吴丰："您上节课怎么没提问我们呢？我们早做好准备了。"

一次，学校开展了广播操比赛。吴丰坚持让全班每一名同学上场做操。其实，有的班并不是全体上场的，班主任留下了几个动作不协调的、反应慢的学生当观众。轮到吴丰的班做操时，个别学生的动作让全校师生笑成一片。结果可想而知，她的班的得分在全校是倒数第一。

吴丰没有批评任何一名学生，因为所有人都尽力了。面对吴丰，全班同学都哭了，但哭过之后又笑了——他们拥有了一个真正关爱他们的老师。

看着学生感激的眼神，吴丰很庆幸自己的选择。她说："我成天教育学生要尊重别人，我怎能在关键时刻置学生的自尊心于不顾呢？学生若受了伤害，怎能欣然接受老师的教育？而且老师在学生心目中的形象也会一落千丈，他们以为老师平时讲得好听，原来全是骗人的呢！"

在吴丰的努力下，五(2)班终于摘掉了倒数第一的帽子，成了一个爱学习、守纪律、团结向上的班级。

评析

在吴丰的价值观体系中，爱国是处于核心的地位的。其实，人能坚守住正确的价值观是很不容易的，如果没有支撑的力量，很容易就会动摇。

那么，是什么力量支撑吴丰老师坚守自己的爱国价值观呢？

首先，无数先辈的爱国精神是她坚守爱国价值观最有力的支撑力量。其次，她对爱国的理解在支撑着她。她认为爱国就要为祖国担当，就要感恩于祖国多年的教育，不负祖国的期望。最后，也是更重要的，是她的职业理想——对教育事业的忠诚和热爱在支撑着她。正如她所说的："为祖国的教育事业做些贡献！"

如果我们用教师职业行为准则中的"贯彻党的教育方针""忠于祖国，忠于人民，恪守宪法原则，遵守法律法规，依法履行教师职责"的要求来衡量吴丰老师的所作所为，可以断定，吴丰老师做到了坚定政治方向、自觉爱国守法。

吴丰老师不折不扣地践行了"面向全体学生"的理念，不但不放弃、不忽略每一名学生，而且给予那些学习有困难、有缺点的学生更多的爱护和帮助。坚持遵纪守法，贯彻党的教育方针，不是一件轻而易举的事。她要修复那些对学生不切实际的评价给学生的自尊心、自信造成的伤害，同时要挑战为追求所谓"业绩"违背教育方针和素质教育评价标准的行为。

吴丰老师不仅为学生树立了言行一致、遵纪守法的榜样，还让学生感受了以人为本的教育理念带来的暖意，让学生体验了平等带来的自尊心和自信，为学生健康、幸福成长注入了重要能量，并在学生的生命旅途中留下了深深的痕迹。

案例二

我该怎么办?

六年级时，为让我上一所好初中，父亲将我送往离家较远的地方上学。我一个学期也难得回家，当见到父亲时，他说的第一句话竟是问学习，临别时还是，从那时起，我开始意识到学习的重要性了。

中考前，父亲的那句话令我终生难忘："考不上某某中学(我们那儿最好的中学)，你就不是我儿子!"听了他的话后，我是含着泪跑回房间的。我不明白，考上一所好高中比儿子的存在更重要吗?

上高中后，我的心理和身体都出了毛病，先是得了强迫症，后来又频繁地头痛，医生说是压力太大造成的。现在，我一进学校就分外难受。

那年元旦回家，我和父亲又吵起来了。父亲又说了那句他说了无数遍的话："考不上一本，你就不是我儿子!"

在家里，我要面对这样的父亲。在学校，老师又做了些什么呢?

我的班主任与父亲一样，她从来不顾我的感受。班主任常打电话给父亲让他给我施压。我每次向班主任倾诉时，换来的只是轻视、怀疑、鄙夷……

有天，我带了本《莫泊桑小说集》到班上，被班主任发现后没收了。班主任认为读"闲书"会影响学习。她甚至不允许我写小文章，认为语文老师未提要求，这样是在浪费时间。

隔了一两天后，班主任给我的父母打了电话，让他们来学校。班主任说我头痛是因为小说看多了。我无言以对。接下来的事情越来越糟，班主任与父亲说了我一个多小时!我的心理已经承受不了了!我只想问:我该怎么办?

(作者为某校高中三年级学生)

评析

教师是贯彻落实教育方针、实施素质教育的主力军。如果教师都不能全方位地关注学生的生命、生存和发展，无疑会把一部分学生推上绝路!

从依法治教的内涵看，贯彻好党的教育方针是依法治教的方向性保障。在现实中，教师的言行都在表明不同的态度：消极还是积极、抵制还是实施、打折还是彻底。面对案例中这样的学生，我们似乎可以听见陶行知当年怒斥某些教师的话："你的教鞭下有瓦特，你的冷眼里有牛顿，你的讥笑中有爱迪生！"其实大家都知道，考上大学不是一个人的唯一出路，也不是教师培养人的唯一目标。为什么不能给学生一点儿自由选择的空间呢？

家长的无知行为可以原谅，但是作为教师，就不能不理解教育方针，不能不懂如何对待学生。或许在面对家长偏执的追求时，教师的力量显得微不足道，或许教师无力去改变家长，但起码也要守住教师的职业良心，不能失去责任理性。

教师要贯彻落实教育方针，取得工作成效，就必须遵循教育规律和学生成长规律。教师若只遵循考试要求，眼中无生命、无人权，缺少对学生的尊重，那么教师所做的一切都是枉然的。案例中的教师不许学生这样，不许学生那样，只要不是教师布置的，只要是与高考无关的，都"没有意义的"，都要禁止。这样的教育何谈令学生健康成长？何谈激发学生的创新精神？

陶行知先生认为迷信、成见、曲解，都像裹头布一样，会禁锢学生的创造力。怎样解放学生的创造力呢？陶先生提出了"六个解放"，即解放眼睛，使大家看事实；解放头脑，使大家想得通；解放双手，使大家执行头脑的命令；解放嘴，使大家享受言论自由；解放空间，使大家走进大自然、大社会；解放时间，使大家有点空闲，看看书、有空玩玩。陶先生说："有了这六大

> 我们要弘扬社会主义核心价值观，弘扬以爱国主义为核心的民族精神和以改革创新为核心的时代精神，不断增强全党全国各族人民的精神力量。
>
> ——习近平：《在庆祝中国共产党成立95周年大会上的讲话》，13页，北京，人民出版社，2016

解放，创造力才可以尽量发挥出来。"①

可见，若想改善学生的处境，教师可以做的就是给学生"松绑"！给学生松绑，就是在拯救学生。一旦学生对教师、对教育产生仇恨，就可能会对社会产生仇恨。因而，拯救学生，也就是在维护社会的稳定与和谐，这是教师应当负起的社会责任。

践行指导建议

1. 强化政治意识，确立爱国守法的价值观

爱国守法是公民的基本义务，这在许多国家已达成共识。对于国家来说，爱国就是公民基于对国家的归属感而发展起来的积极情感，守法就是公民重要的社会责任与义务，爱国守法可进一步发展为公民忠于祖国与人民的自觉行为表现。因此，教师只有强化政治意识，才能确立爱国守法的价值观。价值观是指一个人对周围的客观事物(包括人、事、物)的意义及重要性的总评价和总看法。对诸事物的看法和评价在心目中的主次、轻重的排列次序或结构，就是价值体系。价值观和价值体系是决定人的行为的心理基础。

当确立起以爱国守法为核心的价值坐标后，教师要"以热爱祖国为荣、以危害祖国为耻"，把爱国作为自己的核心价值观。

爱国就须守法，教师还须"以遵纪守法为荣、以违法乱纪为耻"，把遵纪守法作为自己行为的价值取向。各种规章制度是国家为了维持秩序和安定、保障人民的共同利益，而要求每个个体让渡一部分自由权利，接受共同的约

在中华民族几千年绵延发展的历史长河中，爱国主义始终是激昂的主旋律，始终是激励我国各族人民自强不息的强大力量。不论树的影子有多长，根永远扎在土里；不论留学人员身在何处，都要始终把祖国和人民放在心里。

——习近平：《在欧美同学会成立 100 周年庆祝大会上的讲话》，载《人民日报》，2013-10-21

---

① 陶行知：《中国教育改造》，266～267 页，北京，商务印书馆，2017。

束而制定出来的。教师须把守法作为爱国的情感与认知的一种外化途径，因此守法是教师爱国的具体体现。

教师守法首先体现为全面贯彻党的教育方针，自觉遵守教育法律法规，依法履行教师职责权利。教师须努力提高教育质量，着力提高学生的社会责任感、创新精神和实践能力，尤其要做到"面向全体学生，促进学生全面发展"，这是全面贯彻党的教育方针的重要体现。

2. 全面学习一系列法律法规，做到知法、懂法、自觉依法执教

教师在履行基本职责过程中，必须通过各种路径，以多种方式学习和了解我国宪法和一系列教育政策、法规，使依法执教具备基本前提，并在实践中提高坚守言行底线的自觉性，提升自律水平。

改革开放以来，国家颁布了一系列的法律法规：《中华人民共和国义务教育法》(2018 年修订)、《中华人民共和国教师法》(2009 年修订)、《中华人民共和国教育法》(2021 年修订)、《中华人民共和国职业教育法》(2022 年修订)等专门的教育法律，以及《中华人民共和国未成年人保护法》(2020 年修订)、《中华人民共和国预防未成年人犯罪法》(2020 年修订)等与教育密切相关的法律。

国务院制定了十多项教育行政法规，其中包括：《幼儿园管理条例》(1989年)、《学校体育工作条例》(2017 年修订)、《学校卫生工作条例》(1990 年)、《教学成果奖励条例》(1994 年)、《残疾人教育条例》(2017 年修订)、《教师资格条例》(1995 年)等。

教育部为加强学校安全工作，制定了《学生伤害事故处理办法》(2010 年修订)、《中小学幼儿园安全管理办法》(2006 年)等。

2007 年，教育部制定了《国家教育事业发展"十一五"规划纲要》，明确提出要加快完善中国特色社会主义教育法律体系。2010 年，中共中央、国务院印发了《国家中长期教育改革和发展规划纲要(2010—2020 年)》，明确指出："坚持以人为本、全面实施素质教育是教育改革发展的战略主题，是贯彻党的教育方针的时代要求，其核心是解决好培养什么人、怎样培养人的重大问题，重点是面向全体学生、促进学生全面发展，着力提高学生服务国家服务人民的社会责任感、勇于探索的创新精神和善于解决问题的实践能力。"这是我国教师在今后很长一段时间内应努力落实的战略任务。

除此以外，我国政府签署的联合国《儿童权利公约》，也是我国教师必须严格遵守的公约。教师还应遵守各地制定的符合地方教育规划与发展的地方性法规与规章。

当前，教育部正在配合立法机关做好相关法规和规章的修订、调整工作，积极推动教育行政法规建设。截至 2020 年，在国家层面，基本形成适应实践需要、内容完备的教育法律、行政法规。

教师在学法、懂法的基础上，一定要把好自己的言行关，无论何时何地都不能突破底线，要确保自己的言行与党和国家的方针政策相一致，与社会、家长对教师的期待相适应。当前，教师须学习法律法规，切实提高尊重学生、爱护学生、平等对待学生的意识，提高依法维护学生权益和抵制侵害学生的行为的能力。

3. 以履行教师职责为基础和目的，深化爱国之情

教师的职责是教书育人，所培养的人才必须得到社会认可。根据我党的教育方针，现阶段的教育目标就是培养德智体美劳全面发展的社会主义建设者和接班人，因此，教师必须以高度的社会责任感育人，体现敬业精神。敬业的前提是爱岗。教师应对自己的工作充满自豪感，热爱自己的工作，在工作中享受乐趣和成就，把工作岗位当作奉献祖国、实现人生价值的平台。只有敬业才能乐业，责任带来的压力才能转化成动力，教师才能奉献且快乐着。

在尽职尽责教书育人的过程中，教师会逐步深化爱国之情，经历对祖国和人民从热爱到忠诚的情感转变过程。对于爱国，传统的师德规范仅强调热爱，而新时代的教师行为准则强调忠诚，即忠于祖国和人民。其实热爱与忠诚是不可等同的两种情感。热爱是心理层面的要求，具有内隐性；而忠诚则更接近行为层面，它要通过人们的实践和言行来表现，更具有外显的、可观测的特征。忠诚以热爱为前提，还具有真心诚意、尽心竭力、一心专注、始终如一的内涵。因此，从热爱到忠诚的转变，意味着热爱内涵的提升，也意味着教师对国家和人民的这份爱，须由内在心理向外显行为落实。只有这样，教师在教育实践中，才能把对祖国的忠诚转化为落实教育方针政策、遵守法律法规的行为，为国家培养德智体美劳全面发展的建设者和接班人。

追问与分享

1. 追问一

有人说上述案例一中的吴丰老师费了很大的力气去帮助班上被贴上"问题学生"标签的学生，还让他们参加比赛，影响了集体荣誉，是得不偿失的，因此主张放弃这样的学生，以便更多地关注其他学生的成长，维护班级荣誉。为保证多数学生健康成长，教师就应该放弃对个别学生的帮助吗？

分享

不可否认，在现实中有些教师由于精力有限，付出大量的时间去帮助个别学生，而影响了对大多数学生的关注程度。一旦让个别学生参加比赛，影响了集体荣誉不说，也影响了整个活动的质量。这些都是事实。但是，教师不可因此放弃对个别学生的帮助，因为从教育方针的"三全"（面向全体、全程育人、全面发展）内核要求看，这是失之偏颇的。

吴丰老师的做法符合教育方针的要求：不放弃任何一个学生。虽然班级成绩受了影响、荣誉受了损失，但是这种无声的教育对学生的身心健康发展很有利，是将立德树人落到实处的表现。况且，要想帮助这些学生，只要教师动脑用心，其实不一定要占用教师很多的时间，教师可以把他们作为一种教育资源，动员其他学生帮助他们，双方都会受教育，收到共同进步的效果。

2. 追问二

改革开放以来，中国有些教师出国留学后，留居国外不归，是否为不爱国的表现？

分享

他们不回国也不见得是不爱国。对于爱国，每个人都可以有自己的理解。有的人虽然离开了祖国，但是，爱国依然是他们心中无法割舍的情结。一旦祖国需要，他们随时会挺身而出。回顾历史，无论是在推翻清王朝的辛亥革命时期，还是在抗日战争时期，都有许多旅居异国的游子，为了祖国的正义事业慷慨解囊，在异国投身或支持革命和抗战。在改革开放的今天，一些侨居国外的游子，有的化身连接祖国和世界的"桥梁"，有的在国内投资以支持经济建设……

爱国是有层次的。对于教师来说，忠诚于祖国的教育事业，为祖国教育事业奋斗，是高尚且值得钦佩的。但我们不可能要求每一位教师都有如此高的境界，或要求每一位教师必须持有这样的认识。例如，有的教师留在国外，弘扬祖国文化，开展汉语教学，助力祖国人民与他国人民之间发展友谊也是可取的。有的教师能够做到身居国外，心向祖国，我们也要对他们表示欢迎。爱国也需要有包容之心。

3. 追问三

"杨不管"事件

事件发生在某县，上课时两名学生打架导致其中一人死亡。那么，当时的授课教师呢？当时，杨老师就站在三尺讲台上当"看客"，并不加以制止，而是继续上课直至下课。杨老师因此被称为"杨不管"。

杨老师有什么过失？有的人认为杨老师不是不肯管，而是不敢管。你认可杨老师的做法吗？

分享

无论是"不肯管"，还是"不敢管"，杨老师的做法都不被认可。

有人说，杨老师不敢管的原因是，如果出面来管，可能自己要受伤，教师的合法权益可能得不到保护。但是这不能作为教师袖手旁观的理由。在遇到类似的事件时，教师应采取措施制止，以尽可能地减少伤害。教师有保护学生人身安全不受校内其他人侵犯的责任。在学校里，任何侵犯学生人身安全的行为，教师都应该予以制止。从这一点看，杨老师的不作为表现违反了《教师法》和《中华人民共和国未成年人保护法》（以下简称《未成年人保护法》）的相关规定，间接对学生造成了伤害。例如，《未成年人保护法》第三十七条明确规定："未成年人在校内、园内或者本校、本园组织的校外、园外活动中发生人身伤害事故的，学校、幼儿园应当立即救护，妥善处理，及时通知未成年人的父母或者其他监护人，并向有关部门报告。"

当事件发生时，教师思考的不应是管与不管的问题，而是如何管的问题。如果教师做不到不顾个人安危、挺身而出制止悲剧发生，也可以选择立即求援，如派人报告校长、联系家长、报警等，甚至就近向其他教师求救。可悲的是，案例中的教师不作为，这就突破了底线，是不可原谅的。

思考与实践

(1)学校宿舍区的管理教师在宿舍无人的情况下，私自翻学生的柜子、箱子，没收了违规电器，并拍照、录像留有凭据。这是否侵犯了学生的隐私权？

(2)如果你作为教师，权益受到了侵害，你会通过哪些途径维护自己的权益？

(3)某年下学期开学后，某市一所初级中学借口教室不足，便对九年级的一些学业表现不好的学生采取停课或开除的处理办法，要求他们立即离校回家。这些学生刚被赶回家后，该校就又收了一部分初中毕业生，编入九年级复读。请问，该校的做法是否合法？为什么？

相关资料链接

修炼三 传播优秀文化

━━━ 职业行为准则 ━━━

三、传播优秀文化。带头践行社会主义核心价值观，弘扬真善美，传递正能量；不得通过课堂、论坛、讲座、信息网络及其他渠道发表、转发错误观点，或编造散布虚假信息、不良信息。

教师作为履行教育教学职责的专业人员，要实现自身职业价值，必须首先明确教育是什么，即理解教育的本质内涵：它是以心灵唤醒心灵，以精神引领精神，以生命温暖生命的神圣事业。正如习近平总书记强调的："教师是人类历史上最古老的职业之一，也是最伟大、最神圣的职业之一。""教师重要，就在于教师的工作是塑造灵魂、塑造生命、塑造人的工作。"①

> 一个国家、一个民族的强盛，总是以文化兴盛为支撑的，中华民族伟大复兴需要以中华文化发展繁荣为条件。
>
> ——习近平：《在山东考察时的讲话（2013 年 11 月 24 日—28 日）》，见中共中央文献研究室：《习近平关于社会主义文化建设论述摘编》，3～4 页，北京，中央文献出版社，2017

---

① 习近平：《做党和人民满意的好老师——同北京师范大学师生代表座谈时的讲话》，载《人民日报》，2014-09-10。

其实，从教育的本质意义上说，教师职业的基本价值可以概括为两个方面：一是育人价值，即促进学生的发展，使学生成为合格的社会成员；二是社会价值，通过培养一批批人才，促进社会的发展，使社会文明得以传承、创新。理论研究与实践探索共同表明，无论是人的发展，还是社会的进步，都不离不开文化的传播。一方面，文化作为人类创造的精神财富，构成了教育的主要内容，学生只有学习、掌握后，才能发展智能；另一方面，文化本身具有教化内涵，是一个不断积累创新的过程，它赋予教育社会意义，使教育成为传承文化的基本手段与形式。

因此，教师作为实现教育价值的主体，先要扮演好文化传播者的角色。传播优秀文化是每位教师必须担当的职业责任与重要使命。

准则要义

1. 带头践行社会主义核心价值观，弘扬真善美，传递正能量

这是教师要遵守的"传播优秀文化"这一行为准则的目标要求。教师要达成这一目标要求、自觉传播优秀文化，就必须从理解优秀文化的基本内涵入手，认识文化与教育的关系，掌握这一行为准则的重要意义和主要含义。

文化是一个内涵非常丰富的概念。广义的文化是指人类创造的一切物质产品和精神产品的总和；狭义的文化专指语言、文学、艺术及包括一切意识形态在内的精神产品。从原初意义上说："文"既指文字、文章、文采，又指礼乐制度、法律条文等；"化"是"教化"的意思。"文化"则是指以礼乐制度教化百姓。在西方，"文化"一词源于拉丁文，原指农耕及培育植物。自15世纪以后，其内涵逐渐被引申，对人的品德和能力的培养也称为"文化"。

从文化的基本内涵可见，文化与教育有着密不可分的关系。一方面，文化不仅构成教育的内容，影响教育的价值取向、目的与方式，而且构成一种教育力量，往往呈现为文化环境、文化氛围，潜移默化地影响存在于其中的人。另一方面，教育又是一种特殊的文化现象，教育活动使文化得以传播和深化，教育发展使文化得以丰富和创新。

所谓优秀文化，在不同的社会历史时期，有其特定的内涵。在新时代，优秀文化是指符合社会主义核心价值观要求的各种文化。我国有几千年的文

明史，取其精华、去其糟粕，就得到了博大精深的中华优秀传统文化，主要包括以儒家、道家的学说为代表的思想和理论，浩如烟海的优秀文学艺术作品，以及各种传统美德等。党的十九大报告要求我们："深入挖掘中华优秀传统文化蕴含的思想观念、人文精神、道德规范，结合时代要求继承创新，让中华文化展现出永久魅力和时代风采。"①党的二十大报告指出："中华优秀传统文化源远流长、博大精深，是中华文明的智慧结晶，其中蕴含的天下为公、民为邦本、为政以德、革故鼎新、任人唯贤、天人合一、自强不息、厚德载物、讲信修睦、亲仁善邻等，是中国人民在长期生产生活中积累的宇宙观、天下观、社会观、道德观的重要体现，同科学社会主义价值观主张具有高度契合性。"②所以说，传播优秀文化对于社会主义新时代的教师来说，既是不可推卸的职业责任，又是选择教育职业必须肩负的重要使命。

> 　　中国传统文化博大精深，学习和掌握其中的各种思想精华，对树立正确的世界观、人生观、价值观很有益处。古人所说的"先天下之忧而忧，后天下之乐而乐"的政治抱负，"位卑未敢忘忧国"、"苟利国家生死以，岂因祸福避趋之"的报国情怀，"富贵不能淫，贫贱不能移，威武不能屈"的浩然正气，"人生自古谁无死，留取丹心照汗青"、"鞠躬尽瘁，死而后已"的献身精神等，都体现了中华民族的优秀传统文化和民族精神，我们都应该继承和发扬。
> 　　——习近平：《在中央党校建校 80 周年庆祝大会暨 2013 年春季学期开学典礼上的讲话》，9 页，北京，人民出版社，2013

　　具体来说，新时代对我国中小学教师提出的传播优秀文化的要求，主要包含以下三方面。

　　第一，带头践行社会主义核心价值观。

　　这是对教师个人的思想言行修炼的方向性要求。教师应有清醒的自我认

---

　　①　习近平：《决胜全面建成小康社会 夺取新时代中国特色社会主义伟大胜利——在中国共产党第十九次全国代表大会上的报告》，54 页，北京，人民出版社，2017。

　　②　习近平：《高举中国特色社会主义伟大旗帜 为全面建设社会主义现代化国家而团结奋斗——在中国共产党第二十次全国代表大会上的报告》，18 页，北京，人民出版社，2022。

识。教师既是普通的社会成员，又是不同于一般社会成员的肩负特殊使命的教育者。因此，在强调培育和践行社会主义核心价值观的新时代，教师必须率先垂范，从自身做起，带头践行社会主义核心价值观，为学生和其他社会成员践行社会主义核心价值观起到示范、引领作用。

社会主义核心价值观是以习近平同志为核心的党中央从新时代坚持和发展中国特色社会主义、实现中华民族伟大复兴的中国梦出发提出的重大战略思想，其内容是："富强、民主、文明、和谐，自由、平等、公正、法治，爱国、敬业、诚信、友善。"其中，"富强、民主、文明、和谐"是国家层面的价值目标，"自由、平等、公正、

> 要坚持不懈培育和弘扬社会主义核心价值观，引导广大师生做社会主义核心价值观的坚定信仰者、积极传播者、模范践行者。
> ——习近平：《在北京大学师生座谈会上的讲话》，载《人民日报》，2018-05-03

法治"是社会层面的价值取向，"爱国、敬业、诚信、友善"是个人层面的价值准则。党的十九大报告深刻阐述了社会主义核心价值观的丰富内涵和实践要求，对培育和践行社会主义核心价值观做出了重大部署。党的二十大报告更是将社会主义核心价值观与法治建设、社会发展、日常生活相联系，充分反映了我们党在价值理念和价值实践上达到了新高度。

社会主义核心价值观是当代中国精神的集中体现，凝结着全体人民共同的价值追求。习近平总书记说："文化软实力的灵魂是什么？文化软实力建设的重点是什么？就是核心价值观，这是决定文化性质和方向的最深层次要素。"[1]历史和现实都表明，构建具有强大感召力的核心价值观，关系着社会的和谐稳定，关系着国家的长治久安。因此，在新时代，持续、深入地培育和践行社会主义核心价值观，意义重大而深远。

"富强、民主、文明、和谐"，这是我国社会主义现代化国家的建设目标，也是从国家层面提炼出的社会主义核心价值观的基本理念。它在社会主义核心价值观中居于最高层次，体现了中国特色社会主义的价值目标，对其他层次的价值理念具有统领作用。

---

[1]　习近平：《论党的宣传思想工作》，52页，北京，中央文献出版社，2020。

富强，即国富民强，是社会主义现代化国家经济建设的应然状态，也是中华民族的美好夙愿，还是国家繁荣昌盛、人民幸福安康的物质基础。

民主是人类社会的美好诉求。我们追求的民主是人民民主，其实质和核心是人民当家作主。它是社会主义的生命，也是创造人民美好幸福生活的政治保障。

文明是社会进步的重要标志，也是社会主义现代化国家的重要特征。它是社会主义现代化国家文化建设的应然状态，也是对面向现代化、面向世界、面向未来的，民族的、科学的、大众的社会主义文化的概括，还是实现中华民族伟大复兴的重要支撑力量。

和谐是中国传统文化的基本理念，集中体现了学有所教、劳有所得、病有所医、老有所养、住有所居的生动局面。它是社会主义现代化国家在社会建设领域的价值诉求，也是经济社会和谐稳定、持续健康发展的重要保证。

"自由、平等、公正、法治"，这是对美好社会的生动表述，也是从社会层面提炼出的社会主义核心价值观的基本理念，体现了中国特色社会主义的基本社会属性，是我们党矢志不渝、长期实践的核心价值理念。

自由是指人的意志的自由、存在和发展的自由，是人类社会的向往目标，也是马克思主义追求的社会价值目标。

平等指的是在法律面前人人平等，其价值取向是不断实现实质平等。它要求尊重和保障人权，人人依法享有平等参与、平等发展的权利。

公正，即社会公平和正义，它以人获得解放、获得自由平等的权利为前提，是国家、社会应然的根本价值理念。

法治是治国理政的基本方式，依法治国是社会主义民主政治的基本要求。它通过法治建设来维护和保障公民的根本利益，是实现自由平等、公平正义的制度保证。

"爱国、敬业、诚信、友善"，这是公民基本道德规范，体现了社会主义国家公民的基本价值追求和道德准则要求，也是从个人层面概括出的社会主义核心价值观。它覆盖了社会道德生活的各个领域，是人们必须恪守的基本道德准则，也是评价个人道德行为的基本价值标准。

爱国是基于个人对自己祖国依赖关系的深厚情感，也是调节个人与祖国关系的行为准则。它同社会主义紧密结合在一起，要求人们以振兴中华为己任，促进民族团结、维护祖国统一、自觉报效祖国。

敬业是对公民职业行为准则的价值评价，要求公民忠于职守、克己奉公、服务人民、服务社会，充分体现了社会主义职业精神。

诚信，即诚实守信，是人类社会千百年传承下来的道德传统，也是社会主义道德建设的重点内容，它强调诚实劳动、信守承诺、诚恳待人。

友善强调人与人之间应互相尊重、互相关心、互相帮助、和睦友好，努力形成社会主义的新型人际关系。

第二，弘扬真善美。

这主要体现了对教师履行育人职责的基本要求，是教师完成立德树人根本任务的内核支撑和集中体现。因为教育的意义就在于，教师引领学生弘扬真善美，摒弃假恶丑。

所谓弘扬真善美，是指教师在实现教育教学目标的过程中，要坚持"求真""崇善""尚美"的基本价值取向，努力实现真善美的有机统一。其中，"真"就是真实、真诚，它反映了主客体合规律性的统一；"善"是友善、合作，反映了主客体合目的性的统一；"美"是主客体在实践的基础上达到合目的性和合规律性的统一的状态，是主体在改造世界的实践活动和实践结果中呈现的自由状态，它反映了主客体在更高基础、更高阶段的合感受性的统一。真善美的有机统一，其理想状态就是和谐。其实，社会主义核心价值观就蕴含了"求真""崇善""尚美"三个维度，实现了真善美的有机统一，体现了社会发展和人自身发展的终极目标。

在新时代，弘扬真善美，就需要继承和发展中华民族的优秀文化，包括中华民族优秀的道德品质、伟大的民族精神、崇高的民族气节、高尚的民族情感以及良好的行为习惯等，它标志着中华民族的"形"与"魂"。诸如"以天下为己任""先天下之忧而忧，后天下之乐而乐"的社会理想与责任；"天下兴亡，匹夫有责"、精忠报国、"苟利国家生死以，岂因祸福避趋之"的爱国情操；助人为乐、拾金不昧的社会风尚；厚德载物、达济天下的宽广胸襟；"富贵不能淫，贫贱不能移，威武不能屈"的浩然正气；奋不顾身、舍生取义、见义勇为的英雄气概；公正无私、诚实守信、戒奢节俭、防微杜渐、三省吾身等修身之道。它们都是我国人民几千年来处理人际关系、人与社会关系和人与自然关系的实践智慧的结晶，都是对高度统一的真善美的实践演绎。

当然，弘扬中华优秀传统文化，不是复古，不是盲目排外，而是辩证取舍，推陈出新，摒弃消极因素，继承积极思想。

第三，传递正能量。

这是对教师履行社会责任的基本要求。教师作为文化的传播者，必须为推进人类文化的传承与创新传递正能量。

所谓正能量，原本是一个物理学名词，后来被引入社会层面并被赋予了文化内涵。它主要是指在社会领域内的积极力量，又称社会正能量，是关于积极的、向上的、正面的、健康的社会能量的统称。它的内涵丰富，同时具有多重外在表现。对于社会个体而言，社会正能量是促使个体确立正确的世界观、人生观、价值观的社会伦理道德观念，包括艰苦奋斗、勤劳勇敢、助人为乐、诚实守信、开拓创新、人与自然和谐发展等；对于社会和国家而言，它是促使国家和社会发展的政策以及治国理政的思想，诸如中国梦的设想、"两个一百年"的奋斗目标、"四个全面"战略布局和"五大发展理念"等。这些正能量与社会主义核心价值观是完全一致的，其内容都

弘扬真善美，传播正能量，激励人民群众崇德向善、见贤思齐，鼓励全社会积善成德、明德惟馨，为实现中华民族伟大复兴的中国梦凝聚起强大的精神力量和有力的道德支撑。

——习近平：《论党的宣传思想工作》，19页，北京，中央文献出版社，2020

教育需要培植正能量，首先需要教师具有正能量，并且在课堂及生活中积极向学生传递正能量，培植学生的正能量，这样的教育才是真教育，这样的教师才是真教师。

——胡涛：《教师成长需要正能量》，载《内蒙古教育》，2013(6)

民族精神教育是德育的根基，教师要善于挖掘课内民族精神教育资源，依托民族语言教育，用学生喜闻乐见的方式，有机、无痕地把民族精神教育渗透到语文学科教育的各个环节、各个方面。

——于漪：《倾诉如歌的岁月》，196页，太原，山西人民出版社，2011

蕴含在中华优秀传统文化中，表现在创造中华文明的历史人物的事迹和创造过程中，反映在无数为新中国的建立和建设做出贡献乃至献出生命的英雄人物身上。

对于广大教师而言，要传递正能量，就要在教育教学过程中积极传播具有正能量的文化内容，根据学生身心发展的特点和需要，从优秀传统文化中挖掘与时代精神、学生实际相适应的思想，一体化、分学段、有序地推进优秀传统文化教育，以德为先，促进学生全面发展，同时促进优秀传统文化的新发展。

2. 不得通过课堂、论坛、讲座、信息网络及其他渠道发表、转发错误观点，或编造散布虚假信息、不良信息

这是教师要遵守的"传播优秀文化"这一行为准则的不可逾越的底线，教师不可在思想、言论上出现违纪、违规的表现：一是发表、转发错误观点；二是编造散布虚假、不良信息。

一方面，教师不可利用课堂向学生发表有悖事实、有悖真理的错误观点，以及违背社会主义核心价值观与道德伦理的观点；也不可编造散布虚假信息、不良信息。因为这样做不仅不利于学生掌握正确的知识、形成严谨求实的学习态度，而且不利于学生提升求真务实的能力。由于课堂是学校教育的主阵地，是教师教学工作的中心环节，所以，教师无论教授何种学科的课程，都应利用课堂，按计划、按要求完成教育教学任务。此外，教师还有责任和义务保证课堂教学的所有内容与形式以社会主义核心价值观为基本价值取向，具有科学性与教育性，使学生获得正确的知识、理念，提升修养和能力。

另一方面，教师也不得在其他的公开场合，包括论坛、讲座乃至网络上，忘却教师的职业责任，置师德准则与法律法规于不顾，肆意发表、转发错误观点或编造散布虚假、不良信息。这样做会给无辜的、可能缺乏辨别力的听众、读者以错误的影响，甚至使人的思想错乱；同时会有损教师群体的整体形象，危及全社会对教师职业角色的信任与期望，不利于良好社会风尚的形成。

其实，现实中仅有为数不多的教师会出现上述违规违纪行为，造成这些行为的原因往往有两种。一是一些教师，由于既有的知识、能力水平有限，

在面对新问题时，难以形成正确而独到的认识，加之缺少严谨求实的态度，所以会不负责任地发表或转发错误观点。对此，相关教师应受到严厉的批评教育，并应及时采取纠正措施，减少负面影响。二是极少数甚至个别教师因某种卑鄙丑恶的目的，故意发表、转发错误观点，或编造散布虚假、不良信息，误导学生及其他社会大众，造成不良的社会影响。对此，一经发现，相关教师应立即被清除出教师队伍，并须承担必要的法律责任。

《中华人民共和国民法典》第九百九十条规定："人格权是民事主体享有的生命权、身体权、健康权、姓名权、肖像权、名誉权、荣誉权、隐私权等权利。"第九百九十五条规定："人格权受到侵害的，受害人有权依照本法和其他法律的规定请求行为人承担民事责任。"

《中华人民共和国网络安全法》第十二条第二款规定："任何个人和组织使用网络应当遵守宪法法律，遵守公共秩序，尊重社会公德，不得危害网络安全，不得利用网络从事危害国家安全、荣誉和利益，煽动颠覆国家政权、推翻社会主义制度，煽动分裂国家、破坏国家统一，宣扬恐怖主义、极端主义，宣扬民族仇恨、民族歧视，传播暴力、淫秽色情信息，编造、传播虚假信息扰乱经济秩序和社会秩序，以及侵害他人名誉、隐私、知识产权和其他合法权益等活动。"第七十条规定："发布或者传输本法第十二条第二款和其他法律、行政法规禁止发布或者传输的信息的，依照有关法律、行政法规的规定处罚。"

我国相关的法律已对保护名誉权及网络侵权做出了较系统的规定，根据侵害程度不同，侵权人有可能会承担民事、行政责任，造成严重后果的，还可能被追究刑事责任。《互联网信息服务管理办法》第十五条规定，互联网信息服务提供者不得制作、复制、发布、传播含有侮辱或者诽谤他人，侵害他人合法权益的内容的信息。《计算机信息网络国际联网安全保护管理办法》规定，公然侮辱他人或者捏造事实诽谤他人的单位和个人，将由公安机关给予警告，有违法所得的，没收违法所得，对个人可以并处 5000 元以下的罚款，对单位可以并处 1.5 万元以下的罚款；构成违反治安管理行为的，依照《中华人民共和国治安管理处罚法》（以下简称《治安管理处罚法》）的规定处罚；构成犯罪的，依法追究刑事责任。

我国的《刑法》规定了侮辱罪，如公然侮辱他人或者捏造事实诽谤他人，情节严重的，处三年以下有期徒刑、拘役、管制或者剥夺政治权利。

《治安管理处罚法》第二十五条规定，散布谣言，谎报险情、疫情、警情或者以其他方法故意扰乱公共秩序的处五日以上十日以下拘留，可以并处五百元以下罚款；情节较轻的，处五日以下拘留或者五百元以下罚款。第四十二条对侵犯人身权利的行为和处罚做了规定，有下列行为之一的，处五日以下拘留或者五百元以下罚款；情节较重的，处五日以上十日以下拘留，可以并处五百元以下罚款："（一）写恐吓信或者以其他方法威胁他人人身安全的；（二）公然侮辱他人或者捏造事实诽谤他人的；（三）捏造事实诬告陷害他人，企图使他人受到刑事追究或者受到治安管理处罚的；（四）对证人及其近亲属进行威胁、侮辱、殴打或者打击报复的；（五）多次发送淫秽、侮辱、恐吓或者其他信息，干扰他人正常生活的；（六）偷窥、偷拍、窃听、散布他人隐私的。"

案例评析

案例一

名师风范
——霍懋征先进事迹节选

中国当代教育家霍懋征，曾担任过北京市第二实验小学的副校长，以及其他多种社会职务。她认为教育必须首先教会学生做人，塑造他们的灵魂，让他们懂得怎样去爱别人，而能够实现文道统一的语文教学无疑承担了塑造学生灵魂的重任。

霍懋征针对当时语文教学常用的"讲读法"存在的读得少、学得慢、效果差、费时间的问题，对比分析了其他国家的小学语文教材，意识到在教学中加大阅读量的重要性，于是她提出了"速度要快，数量要多，质量要高，负担要轻"的16字方针，建议从教材到教法进行全面改革，着眼于开发学生的潜能，使学生不仅要学会，还要会学。当时，有的教师觉得经济可以快速增长，教学工作却不能"提速"，但霍懋征顶着压力，大胆地在她所教的班级内坚持进行语文教学改革，充分利用有限的时间，尝试着在精讲、多练、合理组织课文上下功夫，使学生在听、说、读、写方面的能力显著提高。1981年，这个实验班参加了北京市的一次统考，全班46名学生的作文，有44篇被评为"一类文"，另外2篇被评为"二类文"，并且所有试卷都是干净、整洁、无错别字的，霍懋征和她的实验班也由此轰动全国。

经过多年的实践，霍懋征总结出了教育教学的根本目的是要让学生"十学会"，即学会做人、学会自律、学会学习、学会思考、学会创造、学会审美、学会乐群、学会健身、学会生活、学会劳动。因此，她将这"十学会"贯穿在自己的语文教学过程中，以此作为自己的教学着眼点，努力促进学生的全面发展。她不仅注重课堂教学，想方设法培养学生的道德品质、创新思维，鼓励学生多读、多想、多听、多问、多练，还极为重视学生的课外活动。她一贯主张把课外时间还给学生，课外不留或少留作业，给学生充足的时间做自己喜欢的、有益的事，充分体现了素质教育的思想。她还带着学生进行社会调查，让学生在实践中增长见识，并将调查报告以板报的形式向家长和其他班的师生展示。通过这些活动，学生不仅在人际交往、表达、听、说、写、画等方面得到了很好的锻炼，而且品尝到了成功的喜悦，树立了自信。

"没有爱就没有教育"，这是霍懋征从教几十年来深刻的体会之一。"激励、赏识、参与、期待"这八个字，一直是霍懋征坚持的育人方针，即激励每一名学生求进步，赏识每一名学生的才华，创造条件让每一名学生参与教育教学活动，期待每一名学生获得成功，哪怕是很小的进步。在她的眼里，"没有教不好的学生，只有不会教的老师"。正因为给予学生无限的爱和希望，她也赢得了学生的信任和爱戴。在她的循循善诱之下，无论是让人放心的好孩子还是令人头疼的"捣蛋鬼"，最后都走上了工作岗位，成长为国家的栋梁之材。

在霍懋征的眼中，人的一生很漫长也很短暂，实际上只有三天——昨天、今天和明天。她认为，昨天需要总结和反思，今天需要创造，明天需要憧憬。而这三天之中，最重要的是今天，只有把握了今天，明天才更有希望。

评析

案例介绍的霍懋征老师，从教 60 多年，她的坚守与投入使无数学生成为栋梁之材，不愧为"国宝级"教育家。

在 60 多年里，霍懋征老师坚持关于语文教学的改革与探索，先后取得了一系列值得学习和推广的语文学科教学的成功经验，诸如"文道统一"的教学指导思想、阅读教学的 16 字方针等，并从中感悟到教育的真谛，即教育重在"教学生学会做人""教学生学会爱人"，她以自身实践解读了"没有爱就没有教育"这一永恒的教育命题。她说自己只是做到了四个没有：第一，从没有和学生发过一次火；第二，从没有因为学生犯了错就把家长请到学校来；第三，从没有惩罚或变相惩罚过一个学生；第四，从没有让一个学生掉过队。她从教 60 多年来，没让一个学生留过级，而且把很多别的班不要的学生都要到自己班，把他们一个个培养成才。

霍老师的整个职业生涯可谓中国优秀中小学教师的缩影。她坚持以语文学科教学为基础，传播优秀文化，履行教书育人的职责，尤其是她在小学语文教学改革中的勇气、执着精神及成功经验，至今对于新时代小学语文课程与教学改革仍具有启发和借鉴意义。无论是在课上还是在课下、在校内还是在校外，她都身体力行地展示出了中国教师的风范。她的语言充满了激励学生学习成长、鼓舞教师同伴努力工作的正能量，她的行动在向学生、向社会传递着真善美，她的教育理念、教育情怀值得每位教师学习。

案例二

特别的爱给特别的你

一次偶然的机会，我了解到身边有一群特殊的孩子——听障儿童。这些孩子的年龄段不同，听力的受损程度也不同。虽然大多戴着助听设备，可以听到一定的声音，但听力障碍在一定程度上影响了他们的心智发展。我了解情况后，就主动跟相关教师联系，询问详情。

儿童期是听觉、言语发育的关键时期。听力障碍会影响儿童言语发育并影响其情感、心理和社会交往等能力发展。及时发现并采取有效的干预措施，开展康复训练，能使绝大多数听障儿童的听力有所改善，像健听儿童一样上学、就业，从而有效减轻家庭及社会的负担。因此，我决定帮他们找回自信！

　　第一次参加活动时，我只带了几名学生，准备了爱心手环，我们想把快乐传给那些孩子。刚见到他们的时候，他们早早地就坐在位子上了。50多个孩子中，最小的只有2岁多，我发现他们每个人都戴着耳蜗。当我弯下腰来给他们发礼物的时候，那一双双小手紧紧地拉着我的手不肯松开，眼里充满期盼，还说着我听不懂的话。瞬间，泪水已溢出了我的眼眶，我似乎听到了来自他们心灵深处的呼唤。当我的学生表演节目时，有的孩子情不自禁地跟着舞动身躯，脸上洋溢着灿烂的笑容。此时，我感受到他们是多么希望与人交流呀！我也再次坚定了要尽自己所能帮助他们的想法。

　　这次活动后，我利用班会的时间，请参加活动的学生向全班同学谈了自己的感受，同学们听后纷纷表示一定要帮助他们。

　　经过3周的筹划，我们把第二次活动定在5月29日，想和那里的孩子一起提前过一个特殊而有意义的儿童节。

　　在儿童节的前夕，我带着同学们与那些孩子坐在了一起，开始近距离地交流互动。有少数孩子能够简单交流，而更多的孩子或用笔在纸上写，或用手比画，或让那里的老师翻译。我们还手把手地教他们玩魔方，并请学会的孩子现场表演，在掌声中，表演的孩子脸上露出了特别灿烂的笑容。随后，我们还给他们表演了自编自导的各种节目，并带领他们一起做游戏。

　　与我们同去的还有不少家长，他们参加完活动后都表示感触良多。活动结束后，我代表全班为孩子们送上了精美的图书。

　　去年，我们邀请了几名听障儿童来参加我班的市级活动课。

　　此外，我们先后为他们送去了最需要的耳蜗电池，以及食用油、面粉、日用品等，还为他们送去了精彩的节目。

　　在多次的互动交流过程中，我作为活动的发起人和组织者深感欣慰：我们的活动激发了学生友爱助人的热情，同时感动了家长，并得到了家长的有力支持。活动使我更坚定了信念：我们的社会需要更多的人献出爱心，只有这样，才会让我们的社会变得更加美好！

　　（案例提供：北京市海淀区万泉小学　魏志勇）

评析

2014年2月24日，习近平总书记在主持中共十八届中央政治局第十三次集体学习时强调："把培育和弘扬社会主义核心价值观作为凝魂聚气、强基固本的基础工程，作为一项根本任务，切实抓紧抓好。""我们要继承和发扬中华优秀传统文化和传统美德，广泛开展社会主义核心价值观宣传教育，积极引导人们讲道德、尊道德、守道德，追求高尚的道德理想，不断夯实中国特色社会主义的思想道德基础。"①

案例中的魏老师作为普通的小学班主任，坚持多年以志愿者的身份以身示范，组织并带领学生及其家长开展公益活动，向听障儿童传递了温情，让学生体验了助人为乐，使中华优秀传统文化得以传承、创新。

从案例所陈述的内容可见，魏老师先后组织了多次活动，每次都能细心组织、协调，从细化活动的前期准备工作到关注活动现场的细节，再到拓展延伸活动的后续环节，魏老师始终围绕主题一以贯之、层层推进，力求实现教育效益的最大化。在一系列的活动中，魏老师一方面着眼于让听障儿童在平等参与、真诚对话的交流过程中树立自信，另一方面注重将活动设计与学校教育计划整合，引领本班学生在活动中及时总结、巩固所获得的积极体验与感悟。

几年以来，魏老师组织的活动不仅对教师如何带头践行社会主义核心价值观做出了生动的解读，而且使参与活动的学生及家长都受到了良好的教育，在他们心中埋下了友善的种子。因此，从另一角度说，魏老师是将对学生进行社会主义核心价值观教育的课堂，设置在了一次次活动现场。整个教育过程一改传统做法，不再是为学生解读、强化基本概念，以使学生明确一系列践行要求；也不再是仅介绍先进模范事迹或分享他人经验以感化学生，而是让学生在实践活动中体验、在自主参与中

---

① 习近平：《论党的宣传思想工作》，54、60页，北京，中央文献出版社，2020。

感悟、在分享交流中强化，使文明、和谐、平等、公正、诚信、友善等社会主义核心价值观深入人心。毫无疑问，如此生动的教育所产生的效应是传统德育说教课无法企及的。这为更多教师带头践行社会主义核心价值观、传播优秀文化、弘扬真善美、传递正能量，提供了鲜活的实践范例。

案例三

坚持开展在国旗下讲话活动，形成德育的立体课堂

在国旗下讲话是各中小学共有的活动安排。为了避免单纯地走过场，深圳市宝安区某小学的李校长经过七年多的不懈探索和实践，形成了独具特色的"国旗下讲话德育课程"。

在开展"国旗下讲话德育课程"的实践中，李校长始终坚持学生立场，主动担任国旗下讲话的主讲人，让国旗下讲话从单纯的讲话活动变成了互动的课堂，又变成了立体的课程，促进了学校文化的生成与学生的生命成长。这对学生的思想行为和价值观的构建产生了深远的影响，让"培育生命自觉"的办学理念真正落到了实处。

"国旗下讲话德育课程"创造性地把国旗下讲话与班会进行整合，构建起了德育课程体系，把教师、学生、家长的德育认知整合、统一在学校"珍视童年价值，培育生命自觉"的核心价值理念中，形成有效的德育合力，既改变了传统的在国旗下讲话流于形式、枯燥乏味的现状，也使传统班会走出了形式单一、缺乏主题的现实困境，形成了独具学校特色的德育课程。这样的课程坚持从学生自身、教育规律、课程结构出发，拓展了德育教学的内涵与途径；坚持从时间、空间、人物、事件四个维度展开，增强了德育教学的实践性和体验性；坚持采用情境式、对话式、讨论式等平等的教学方式，让学生在集体教育中实现了自我教育，获得了良好的育人效果。

2008年至今，该校对已经形成的200多个讲话主题进行了结构化、系列化梳理，确定了梦想愿景、爱国爱家、文明教养、关爱感恩、阅读

审美、健康安全、尊重宽容、诚信责任、学习创新、合作交往十个系列主题，并根据各学期变化而不断丰富整合。在此基础上，该校编撰出版了《国旗下课程》《国旗下讲话微课程》《在国旗下种一颗童年的种子》3本专著，有效地将国旗下讲话的经验及智慧变成体系化的课程。

评析

在新时代，要践行和培育社会主义核心价值观，关键在于从青少年抓起，要将社会主义核心价值观渗透到学校教育的方方面面。案例中的李校长，坚持从国旗下讲话入手，为我们如何针对小学生开展社会主义核心价值观教育提供了实践探索的成功范例。

李校长作为一名普通的小学校长，数年来坚持开展国旗下讲话活动，努力把讲话的主题与学生的发展、学校里发生的事情紧密结合，并把国旗下讲话发展成学校课程，由此构建了具有校本特色的德育课程体系，使社会主义核心价值观教育有了具体内容与有效组织形式，使学校的德育工作落到了实处并收到了实效。

毫无疑问，这些做法和经验都为更多学校教师在学校传播优秀文化、开展社会主义核心价值观教育增强了信心和勇气，并给予了有效的策略启示。

践行指导建议

1. 教师应坚持终身学习，与时俱进地不断提升自身文化素养

坚持终身学习是教师传播优秀文化的必要前提。教师在整个职业生涯里，应坚持不断地通过各种路径，学习并掌握丰富的优秀文化知识，增强自身的文化理解力、鉴赏力和创造力，确立正确的教育理念，与时俱进地提升文化素养。

在新时代，我国教师必须深入学习贯彻习近平新时代中国特色社会主义思想，树立正确的历史观、民族观、国家观、文化观，在弘扬和传承优秀传统文化方面做个先知先觉的先行者。教师要以对社会主义核心价值观的正确

理解为基础，树立正确的世界观、人生观和教育观，明确教育价值追求的目标与标准，在教育实践中增强价值判断能力、选择能力、创造能力。

另外，教师要自觉贯彻落实教育方针，努力为社会培养德智体美劳全面发展并具有国际竞争力的新世纪人才。教师不能满足于自己的最后学历和入职前所达到的知识水平。教师入职后要不断充实自己，在职业生涯的不同阶段，都应力求在知识的深度、广度上达到新的高度。教师不仅要具有驾驭教材的学科专业知识，也要不断地学习新的理论，掌握专业学科前沿知识和发展动向，发展敏锐的观察力，不断提高自己的教学研究能力和教学水平；还要不断学习政治、道德、法律等基础文化知识，并了解不同历史时期、不同民族的文化知识，拓宽文化视野，养成刻苦钻研、严谨笃学的学风，逐步优化个人的文化知识结构。只有这样，教师才能不断优化自身的知识结构，满足学生学习知识的需求。只有这样，教师才能率先树立文化自信并推陈出新，立己达人，做中华优秀文化的代言人。只有这样，教师才能成为有理想信念、有道德情操、有扎实知识、有仁爱之心的"四有"好老师，为发展具有中国特色、世界水平的现代教育，为培养社会主义建设者和接班人做出更大贡献。

> 希望广大教师认清肩负的使命和责任，努力为发展具有中国特色、世界水平的现代教育，培养社会主义事业建设者和接班人作出更大贡献。……国家繁荣、民族振兴、教育发展，需要我们大力培养造就一支师德高尚、业务精湛、结构合理、充满活力的高素质专业化教师队伍，需要涌现一大批好老师。
>
> ——习近平：《做党和人民满意的好老师——同北京师范大学师生代表座谈时的讲话》，载《人民日报》，2014-09-10

2. 教师要全面履行教育职责，对学生实施优秀传统文化教育

这是实现传播优秀文化的根本目的的必要手段。传播优秀文化的根本目的就在于以优秀文化教育学生，促进学生全面发展，促进中华传统文化的传承、创新。因此，在教育实践中，每位教师需要有高度的事业心和责任感，始终围绕立德树人根本任务，遵循学生的认知规律和教育教学规律，按照一

体化、分学段、有序推进的原则，把中华优秀传统文化全方位地融入思想道德教育、文化知识教育、艺术体育教育、社会实践教育各环节。同时，教师要明确社会主义核心价值观是中国人的独特精神支柱，是凝聚中国力量的思想道德基础。教师应充分发挥社会主义核心价值观的引领作用和自身的主导作用，将社会主义核心价值观融入教育教学、校风学风建设，对学生开展思想政治教育。

教师要立足课堂教学，根据学生实际因材施教，开展优秀传统文化教育。教师可利用诵读经典诗文、认识传统节日、培育核心价值等方式来启蒙、开智、立德，将优秀传统文化教育作为学生的必修课程。课程设计要讲求梯度，不贪多、不求快、不求全，避免碎片化，尊重原典的完整性。在体系与结构上，植入有关优秀传统文化的具体内容，开启从感性到知性再到理性的学习路径，实现从知晓符号到理解文化再到认同价值的认识提升。

此外，学校应以班主任群体为主导力量，协调校内外资源，深入开展系列主题教育活动，如开展"爱我中华"主题教育活动，充分利用重大历史事件和中华历史名人纪念活动、国家公祭仪式、烈士纪念日等，充分利用各类爱国主义教育基地、历史遗迹等，展示爱国主义深刻内涵，培育爱国主义精神。

3. 强化全体教师的"师范"意识，保证传播优秀文化的效益最大化

教师的"师范"意识是指教师对成为"人师"具有角色认同感，能自觉加强个人综合素质修炼，努力达成"学高""身正"的目标，力求为学生的人格发展和社会的文明进步起示范作用。

教师应自觉强化"师范"意识：教师要以"学为人师、行为世范"作为自我修养目标，并通过各种路径提高学识，时时处处谨言慎行，不断提升道德自律水平；教师还要充分认识自身职业的特殊性，教师自身的一切，包括学识个性、风度仪表、一言一行等，都会对学生的健康成长及社会的发展产生影响。因此，教师不同于一般学者，要将中华优秀传统文化中的"仁、义、礼、智、信"作为自己树立教师形象之本，不断丰富乃至超越"传道、授业、解惑"的职业内涵。一方面，教师要在教育教学活动的各个方面、各个环节中本着立德树人的原则，积极传播具有正能量的文化内容，对学生进行体现正能量的教育。另一方面，教师还要发扬中华民族的优秀文化传统和道德风尚，以

自己的行动自觉践行社会主义核心价值观，对学生和世人起到示范与引领作用。简言之，教师不仅要为自己的言行负责，而且要为学生的世界观、人生观、价值观负责。

习近平总书记指出："人类社会发展的历史表明，对一个民族、一个国家来说，最持久、最深层的力量是全社会共同认可的核心价值观。"[①]这就要求广大教师要主动学习、深入研究并认同社会主义核心价值观，做到真学、真懂、真信；要结合学生的身心特点，将社会主义核心价值观创造性地融入日常教育教学工作，使学生真正入耳、入脑、入心、入行。教师的职业特性决定了教师必须是道德高尚的人群，合格的教师首先应该是道德上的合格者。教师是通过言传身教来影响学生的，教师只有以德立身、以身作则，才能引导学生以师为镜。

在日常工作、学习和生活中，教师要以社会主义核心价值观为指导思想和行动指南，自觉规范自己的言行举止：没有依据的话不说，没得到证实的观点不盲目赞同，不随意转发不实言论。教师要明辨是非，不可为偏激的一己之见找借口，为自己发表的错误观点开脱。教师要不断提升自律水平，避免言行不一、知行脱节或盲目行动。在整个职业生涯中，教师要始终坚持以教育实践为基础，努力做到以德立身、以德立学、以德施教、以德育德，真正成为学生"锤炼品格、学习知识、创新思维、奉献祖国"的引路人。

4. 建立科学可行的督导激励机制，为教师传播优秀文化提供有力的保障

教师要肩负起传播优秀文化的职责，不仅需要自身的自觉努力，更需要所在团队组织的保驾护航。

从学校管理和教师队伍建设角度看，学校可以通过多元路径加强实践探索，逐步建立科学可行的督导激励机制，为教师传播优秀文化提供有力的专业支持，如为教师搭建交流展示平台并创造学习提升机会，为提升教师的专业素质提供全面的保障。与此同时，学校可将中华优秀文化作为重要教学内容，约请专家、学者编写适合中小学教师阅读的教材，邀请业内有较高知名

---

① 习近平：《青年要自觉践行社会主义核心价值观——在北京大学师生座谈会上的讲话》，载《人民日报》，2014-05-05。

度的专家、学者授课，动员一线教师与专家、学者共同研究如何改进关于优秀文化的教育教学。另外，学校可挖掘资质良好、有志于研究优秀文化教育的教师并专门培养，使之成为某一领域的专才或通晓各个领域的通才。在各类人才、名师评选活动中，要关注研究优秀文化、传播优秀文化的教师，培养和造就一批教学名师和学科领军人才。这样，通过多元路径开拓创新，就可激发教师传播优秀文化的内在动力，推进优秀文化的传承与创新。

追问与分享

1. 追问一

教师要传播优秀文化，就只限于传播中华优秀传统文化吗？

分享

当然不限于只传播中华优秀传统文化。教师要传播的优秀文化，应是古今中外的人类优秀文化。

一方面，中华文明是世界文明史上唯一的连续性文明，中华文化源远流长、博大精深。正如习近平总书记所指出的："中华优秀传统文化是我们最深厚的文化软实力，也是中国特色社会主义植根的文化沃土。"①因此，教师必须在教育实践中传承创新。

另一方面，文化的核心是观念方面的共识。在当今的世界上，有两种不同的文化：具有整体性的东方文化和具有个体性的西方文化，它们是人类历史发展的结果。不同的政治、经济、社会环境造就了不同的观念，产

> 要加强对中华优秀传统文化的挖掘和阐发，使中华民族最基本的文化基因同当代中国文化相适应、同现代社会相协调，把跨越时空、超越国界、富有永恒魅力、具有当代价值的文化精神弘扬起来，激活其内在的强大生命力，让中华文化同各国人民创造的多彩文化一道，为人类提供正确精神指引。
>
> ——习近平：《在中国文联十大、中国作协九大开幕式上的讲话》，载《人民日报》，2016-12-01

_____

① 习近平：《论党的宣传思想工作》，90页，北京，中央文献出版社，2020。

生了不同特性的文化。当今，世界各国的经济、文化是在互动过程中不断发展的。这是一个良性的发展过程。正是由于东、西方文化的相互促进、相互推动，人类社会才会逐步发展。因此，东、西方文化的正确的发展方向应是取长补短、相互学习。

所以说，我国中小学教师要传播的优秀文化，无疑应是跨越国界、超越时空的人类优秀文化。

2. 追问二

根据教师传播优秀文化行为准则的底线要求，教师不得转发错误观点，或编造散布虚假信息、不良信息。对此，有人认为教师的专业自主权、学术自由会受到影响，你认同吗？

分享

完全不认同这种观点。

从教师职业的内涵看，《教师法》对教师职业所具有的专业性做了界定，获取教师资格者就享有专业自主权。教师专业自主权，是教师在工作中根据专业素养，在执行学生所认同的任务时，享有沟通协调以及专业选择自由的职权。学生所认同的任务是指对学生有益并受认可和赞同的工作，也可以理解为符合教师伦理规范的具体做法。专业选择自由包括共同决策、教学、课程、维护专业品质等具体专业事务。换言之，教师在专业范围内享有学术自由。很显然，这与教师遵守传播优秀文化的行为准则是不会产生矛盾冲突的。

从学术自由的内涵看，一般意义上的学术自由指学术界自由地进行学术活动的自由。胡克分析了洛夫乔伊的观点，他说："学术自由是指专业上合格的人士在他们所胜任的学科中自由地调查、讨论、发表或教授他们所认为的真理，而不接受宗教或政治的控制和权威许可，除非这种控制是职业道德的标准，除非这种权威许可是在有关学科中用来证明真理和结论的合理方法。"[①]可见，学术自由是从事学术活动的人的基本精神环境，是基本的工作

---

① ［美］胡克：《学术自由的原则》，谈谷铮译，载《现代外国哲学社会科学文摘》，1985(9)。

条件。学术自由并非学者的特权，而是他们实现其知识创新的途径。简言之，学术自由是以"求真"为内核的，凡有悖于"求真"的行为，即有意无意地转发错误观点，编造散布虚假信息、不良信息，皆不是学术自由的应有之义。教师逾越传播优秀文化行为准则底线的言行是谈不上学术自由的。

传播优秀文化与享有学术自由是目的与手段的关系，具有内在的一致性。教师应正确认识二者的关系，遵守行为准则的底线要求。

思考与实践

(1)教师应如何践行社会主义核心价值观？请结合自身工作实际谈一谈。

(2)教师应如何在学科教学中传播正能量？请举例说明。

(3)教师在教学实践中应如何协调优秀文化的传承与创新的关系？

相关资料链接

修炼四　潜心教书育人

职业行为准则

四、潜心教书育人。落实立德树人根本任务，遵循教育规律和学生成长规律，因材施教，教学相长；不得违反教学纪律，敷衍教学，或擅自从事影响教育教学本职工作的兼职兼薪行为。

教师的天职是教书育人，即教书育人是教师的基本职责、根本任务。因此，凡为师者，既要教书，履行传播知识、传播真理、传播中华优秀传统文化和社会主义先进思想的使命，使学生掌握知识、学会本领、增长智慧；又要育人，担当起塑造灵魂、塑造生命、塑造人的时代重任，帮助学生树立正确的世界观、人生观、价值观，使学生具有良好的思想道德风貌、高尚的审美情趣和健康的体魄，成为德智体美劳全面发展的社会主义建设者和接班人。在实践中，教师要完成好教书育人的任务，不仅要认识教书与育人的重要性，掌握教书与育人的基本策略；还要协调好教书与育人的关系：教书以育人为核心、目的，教书是育人的基础、手段。教师不

> 教育是给孩子的心灵滴灌知性与德性的。知性是孩子生存和发展的本领，德性是其做人的底线。二者在课堂上是一而二、二而一的，不是外加的、分离的。
>
> ——于漪，转引自周洪宇：《中国好教师——习近平总书记"四有"好老师讲话解读》，231～232页，武汉，湖北科学技术出版社，2015

可将二者割裂开来，否则，将有愧于"教师"的称谓。因此，全身心投入教育教学活动，即"潜心教书育人"，自然成为每位教师应遵守的基本行为准则。

准则要义

1. 落实立德树人根本任务，遵循教育规律和学生成长规律，因材施教,教学相长

这是对教师要遵守的"潜心教书育人"行为准则的基本要求，其主要含义可从以下三个方面来理解。

一是落实立德树人根本任务。教师先要理解立德树人的双重含义：一则指向教师，教师要以德立身、以德立教，不断优化专业品质，提升人格魅力；二则指向学生，教育学生要以德为先，最终实现德智体美劳全面发展，成为能对社会发展做出贡献的人。另外，教师要在实践中强化责任意识，找准教育教学的出发点与落脚点，即"一切为了学生"，使学生在教师的引领下，学会学习、学会成长、学会共同生活。这样，教师才能在实践中既扮演好"经师"，又扮演好"人师"，切实落实立德树人根本任务。

二是遵循教育规律和学生成长规律，因材施教。这要求教师认识教育的科学性与艺术性，尊重学生发展的共同规律与个性特征，选择运用恰当的教育教学策略，有效调控教育教学过程，促进全体学生全面发展。从教育的科学性方面来说，学生的发展具有顺序性、阶段性等共性特点，教师在教育教学中必须在学习理解的基础上，尊重、顺应学生发展的规律，有组织、有计划地施教，不可全然无视，甚至主观臆断而随性行事。从教育的艺术性方面来说，学生发展的过程、水平、样态等皆具有个体差异性，加之教育教学的现实情境、可利用资源有所不同，教师在不同的教育情境中，应及时发现、准确诊断、尊重包容、灵活应对学生学习与发展的主客观需求，不应以"一刀切"的方式机械行事。因此，所谓因材施教，即需要教师在把握学生成长规律的基础上，根据学生的个体差异，采用具有针对性的个性化教育教学策略，促进每个学生健康成长。要想实现因材施教，教师就要将教育的科学性与艺术性高度统一。正如众多教师所感悟的那样：一位好教师犹如好园丁，其工

作不应是将冬青剪得更整齐，而应是让玫瑰更鲜艳，让青松更挺拔。简言之，因材施教必须以尊重学生成长规律为前提，以促进学生的可持续发展为目的。因材施教既是落实立德树人根本任务的基本策略，又是实现教师职业价值的必要保障，还是每位教师必备的专业素养。

三是教学相长。其实从古到今教学相长都是教育教学的不变追求、理想结果。它是指在教育教学过程中，教师的"教"与学生的"学"相互影响、相互促进，最终实现教师与学生共同进步、共同成长。要实现这一结果，需要教师确立"以学生为本"的教育观，即以促进学生全面发展为教育教学的出发点和落脚点。在履行教书育人职责的过程中，教师要全力投入自身的教育智慧与情怀，不断引导学生提升能力。在促进学生学习成长的基础上，教师的教育教学水平得以提升，实现师生共同成长。教师必须正确认识和把握基本的师生关系：教师具有主导性地位，引领、促进学生发展，学生是学习发展的主体；教师的成长为学生的成长服务，学生的成长促进教师专业素质不断提升。教与学的关系不可倒错，教师不可将学生的发展作为手段，以实现个人晋升。

综上所述，教师要潜心教书育人，需要做到以下几点。第一，确立"以人为本"的教育观，尊重学生的个体差异，因材施教。第二，在教育教学过程中，坚持以德为先，不仅要发展学生的智力，而且要教会学生做人，将德育渗透到教育教学的各个方面，从而促进学生综合发展。第三，在教育教学目标达成方面，坚持以能力为重，不仅要让学生掌握知识和技能，而且要让他们达到"四个学会"，即学会求知、学会做事、学会合作、学会生存与发展，最终发展创新和实践能力。第四，在教育教学的根本追求方面，不过分关注学生的学业表现，而是致力于促进学生德智体美劳全面发展。

总之，教师应不忘初心，即始终明确教育的根本任务在于立德树人，并牢记使命，即坚持在这一任务驱动下，自觉遵循教育教学规律因材施教，促进学生全面发展，努力达成教学相长的理想目标，充分实现教师的职业价值。

2. 不得违反教学纪律，敷衍教学，或擅自从事影响教育教学本职工作的兼职兼薪行为

这是教师要遵守的"潜心教书育人"职业行为准则的基本底线。

一是不得违反教学纪律，敷衍教学。这要求教师必须以严肃、认真的态度对待教学工作，能自觉按照学科专业要求和教学组织纪律的要求做好备课、上课、课后辅导、布置与批改作业、检查与评定学业表现等工作。有极个别教师缺乏规则意识、边界意识，不注重细节，出现违反教学纪律的行为：上课无准备，肆意迟到、早退，下课不辅导或于课后辅导中寻求商机，随性布置作业，批改作业马虎、不及时，评价学生的学业表现时违背客观、公平原则，不从学生的实际情况出发评价，不严格按照标准评价，厚此薄彼地给人情分、印象分，甚至徇私舞弊等。这样，既不能体现教学的科学性、严肃性，又不能挖掘不同教学内容、不同教学方式的教育性，自然不能充分实现教学目标。这样，不但不能积极促进学生健康成长，而且会给学生造成诸多负面影响，浪费时间和资源，阻碍学生发展。

二是不得擅自从事影响教育教学本职工作的兼职兼薪行为。这主要要求教师应合理分配自身的时间与精力，在任职期间，应自觉地将主要时间、精力用在本职工作上。若个别教师有旺盛的精力，才华横溢，有余力从事依凭个人兴趣爱好或纯体力的兼职工作，但也必须以不影响本职工作为前提，不可利用校内工作积累的经验、人脉、信息等有形及无形的资源，从事与校内工作相同或相近的带薪工作。教师需要经过组织、领导认可，不可目无组织地肆意兼职。教师若不能全身心地投入本职工作，就会出现"身在曹营心在汉"的行为表现，导致不潜心研究教育教学，"不求有功，但求无过"，缺少追求进步的内在动力，缺少职业理想，缺少对职业境界的更高追求。这样目无组织、目无纪律、唯利是图的行为表现，必将有损教师的职业形象，也无从保证教育教学的有效性。

案例评析

案例一

阅读《灰姑娘》

——一堂语文阅读课的课堂实录

上课铃响了，孩子们飞快地跑进教室。这节课是阅读课，主要内容是关于灰姑娘的。因为这是一个大家耳熟能详的故事，所以孩子们都是懒洋洋的，有点儿提不起精神。

老师走进教室，对大家的反应丝毫不觉得吃惊，反而笑眯眯地问："大家早就读过这个故事，对不对？""对！"孩子们异口同声地回答。老师说："很好，请大家合上书。下面我们一起来讨论一些有趣的问题。在这个故事里，你们最喜欢谁？最不喜欢谁？为什么？"

孩子们七嘴八舌地表达了自己的看法：最喜欢灰姑娘和王子，因为他们美丽、善良；最不喜欢故事里的后妈和她生的两个女儿，因为她们心肠恶毒。

老师微笑着听完大家的看法后说："咱们接着来假设一下，如果你是灰姑娘的后妈，你愿意让谁参加舞会？是灰姑娘还是自己的两个女儿？记住，一定要说实话。"

孩子们认真地思考了一会儿，有一个孩子举起小手说："我还是愿意让自己的女儿去，因为我更希望她能嫁给王子。"

老师环顾四周，发现不少孩子都点头表示同意，便一边示意这个孩子坐下，一边对大家说："谢谢这位同学，因为她很诚实。孩子们，我们平常听别人说起后妈时，好像她们总是很不好的人，大家总是使用'残酷''狠毒'这样的词语来形容她们，其实后妈最容易犯的错误就是不能像爱自己的亲生孩子一样去爱别人的孩子，而且大家也看到了，这样的错误其实是我们从感情上很难避免的。所以，孩子们，你们要明白一个道理，对待别人应该宽容一点儿，大家说我说得对吗？"孩子们陷入了深思。

接下来老师又问了一个问题："如果灰姑娘在午夜十二点没能及时赶回南瓜车上，故事会发生什么变化呢？"

教室里的气氛重新活跃了起来，一个孩子抢着回答："要是她不能按时回去，到了午夜，她就会重新变成破衣烂衫、尘土满面的样子。那样的话，她可能不仅不能嫁给王子，还会把王子吓昏过去呢。"另一个孩子还淘气地装出昏倒的样子，把大家逗得哈哈大笑。

老师也忍不住笑了起来，接着说："对呀，孩子们，守时是多么重要的一种品格啊！守时意味着尊重人，不遵守时间约定，很可能会发生意想不到的后果，所以，大家要记住，无论和谁约好了时间，一定要准时。"

老师继续说："接下来的问题是，灰姑娘的后妈想方设法不让她参加舞会，那么，她怎么又能去了呢？"孩子们说："因为仙女帮助她，仙女把老鼠变成马，把南瓜变成车，又给她准备了漂亮的衣服，所以她就能去了。"老师点头赞许道："答得很好。孩子们，仙女是灰姑娘的朋友，在灰姑娘需要帮助的时候挺身而出。孩子们，你们在生活中有朋友吗？"见大家点头，老师接着说："祝贺你们！孩子们，拥有友谊是一件多么快乐的事情啊！我们的朋友不如仙女那么神奇，但他们一样会在我们遇到困难和需要帮助的时候对我们施以援手，我们应该谢谢他们，同时要知道，最好的回报就是以同样的方式帮助他们。因为每个人都可能有需要帮助的时候。"

"下一个问题，如果灰姑娘的后妈让她去参加舞会，仙女也愿意帮她去，但她自己不想去，故事的结局会怎么样呢？"孩子们想了想，有点儿沉重地回答："那样的话，她只能一辈子都是灰姑娘，永远不会嫁给王子。"

老师说："孩子们，你们看，道理就在这里，再明显不过了，你们的愿望能否实现，最重要的还在于自己。灰姑娘的后妈不够爱她，这虽然很令人难过，但她并没有放弃对生活的希望，对不对？我们也不能保证所有人都爱我们，但这没关系。当别人爱你们时，你们要善待自己；当别人不爱你们时，你们要加倍地爱自己。爱自己最好的方法就是向着梦想去努力。"

　　老师继续提问："最后一个问题，这个故事里有一处错误，谁能把它找出来？"

　　孩子们纷纷打开课本，开始认真地阅读，过了一会儿，一个孩子高高地举起手说："老师，我发现了。明明说好到了午夜十二点的时候，一切东西都变回原来的样子，可灰姑娘的水晶鞋却没有变，这就是错误。""太棒了！"老师示意他坐下并对全班同学说："孩子们，你们看，伟大的作家也会犯错误，可见犯错误并不是不能饶恕的。让老师感到骄傲和惊喜的是，你们发现了大作家的错误。我敢肯定，将来你们中间如果有人成为作家，一定比他还要棒，我期待着那一天的到来，大家说好不好？"

　　这时候孩子们频频点头，下课的铃声响了，这节阅读课结束了。

评析

　　本案例是一节普通的语文阅读课实录。案例中，语文教师一改语文课的传统教法，没有让学生仅仅停留在对课文的文本理解上，而是连续提出了几个富有启发性的问题，引导学生阅读并理解课文。教师以师生对话、学生讨论的方式，加深了学生对故事内容、结构的了解，还引导学生理解了"诚实""尊重"等价值观的现实意义。很显然，案例中的教师为我们如何上好一堂语文阅读课提供了较好的实践范例，尤其是如何通过语文教学实施学科德育，也为我们留下了诸多深刻的启示。

　　一方面，语文学科具有丰富的教育因素，教师应着力挖掘。这节语文阅读课使我们看到，语文学科不仅是一门工具学科，而且是一门人文学科。课文中有丰富的人文素材，其中的德育价值也有待教师挖掘。实践经验表明，教师若深挖学科的教育价值，在某种情况下，会比课时有限的道法课的德育效果更好，更有利于学校德育目标的达成。

　　试想，如果换一位教师去上这堂课，可能就不会挖掘出那么多有价值的德育点了。"宽容""守时""互助""自主""自信""勇于挑战权威"等，如此丰富的德育点，并不是每位教师都能发现的。教师应改变重智轻德的思想，在关注学生对学科知识的掌握情况的同时，深入挖掘学科知识的教育性。

另一方面，这堂阅读课还启示我们，可以从多角度挖掘学科教学的教育性。案例中的这位教师主要是从做人的角度来挖掘语文学科的教育性的，她的落脚点是使学生形成积极的人生态度和正确的价值观。这种视角贴近现实生活，既易于引起学生的兴趣，也易于被学生接受。由此，既增进了学生对课文内容、结构、文本特点的理解，又大大增强了学生对为人处世应有的价值取向的认同感。很显然，案例中教师的做法提升了通过学科教学实施德育的可行性和实效性，也使教师教书与育人的职责达到高度统一。

案例二

小豪变了

在上海市某中心学校张老师的班上曾发生过这样一件事：一次，张老师在英语课上讲昆虫和植物时，同学们都在全神贯注地听讲，只有小豪同学在走神儿，他不停地把手里的纸叠来叠去。不一会儿，他叠出了一只小鸟。尽管小豪的作品与教师所讲的内容毫无关系，但是张老师却在课堂上展示了他的作品。张老师在一次与小豪的谈话过程中又发现，小豪特别喜欢做手工。带着这一令人惊喜的发现，张老师决定以此为突破口。张老师在课下请小豪制作了一些英语课上需要的学具，如纸花等。在课上，张老师请同学们围绕纸花对已经学过的各种句型进行练习。此外，张老师还请小豪为本班的英语角进行设计。小豪为布置班里的英语角，把自己多年积累的全部作品都贡献了出来。当同学们仔细地欣赏着小豪的作品时，当同学们情不自禁地赞叹时，原来那个毫无自信的小豪被深深地触动了。在老师的表扬下，在同学们的鼓励声中，小豪逐渐树立了学习的信心。

评析

案例中的教师对于上课不认真听讲的学生，不但没有在课上批评他，而且也没有在课后给他讲道理。这位教师选择给予这名学生更多的关注与信任，有意将制作学具的任务交给他，并为他提供了展示手工作品的平台。由此，这名学生赢得了教师与同学们的夸赞，同时被触动、被激励，随之发生了改变，逐步树立起了学习的信心。

案例中的教师在课堂教学过程中发现学生的不良行为表现后，没有否定、指责、抱怨，而是首先了解学生的特点，发现其特长，进而采用了挖掘积极因素、排除消极因素这一策略，即"扬长补短"。这样，不但帮助这名学生树立了学习的信心，而且也以身示范，教会了全班同学如何在集体生活中给予他人理解、尊重、包容、信任，共同促进良好集体氛围的形成，使大家在温馨和谐的集体里，共同学习、友善相处、愉快成长。此外，教师的"以长促短"的教育方式，也对因材施教做了非常生动的现实演绎。

《论语》中记载了孔子因材施教的故事。子路问孔子："听到一个道理马上就去实行吗?"孔子说："有父兄在，怎么能听到就去实行?"冉求问了同样的问题后，孔子则说："马上去实行。"公西华问孔子为什么给两个人的答案不一样，孔子解释说："冉求行动迟缓，所以鼓励他大胆干；子路胆大好胜，所以我要他先请示父兄再去做。"

案例三

绘画老师和他的学生

绘画老师带了三名学生到郊外写生。

学生甲来回踱步，终于找到一个他认为角度最好、风景最美的地方，便坐下来动也不动地专心绘画，但因为太执着于找到自己认为最适合的颜色，花了不少时间，才画了一半，太阳已快下山了。

学生乙很快便完成了写生。他草草地描了两座山、几棵树，顺手又添了两只小鸟，就把功课完成了。接着，他便跑到小商店旁认识了其他来郊游的学生，跟他们一起放风筝，玩得非常高兴。

学生丙对同一花丛内的不同花朵非常感兴趣，画下的都是不同花朵的大特写，可是他对画笔掌握得不大好，画来画去还是觉得不太像，急得满头大汗。

而绘画老师其实一直在打瞌睡，根本没留意学生绘画的过程，看到三位学生交来的作业后都不大满意，结果全部给他们打了个"丙"。

评析

本案例中的教师带了三名学生到郊外写生，在三名学生的绘画过程中，教师不但没有及时予以有针对性的指导，反而在一旁打瞌睡。当学生交来作业时，教师仅凭对画作的感受，就予以一致的否定评价。显然，从所得到的相同的反馈中，三名学生只会获得一致的自我否定，甚至会失去学习的信心与动力，无法形成正确的自我认识，也无法体会个体的差异性被尊重的感觉，更无从体验扬长避短、以长促短进而有所收获的愉悦感。

如果我们不单从学习的成果来判断学生现有的能力，而从激发其潜能的角度出发，我们看到的便是学生展现的不同的智能倾向。学生甲可能对空间色彩特别敏感，对绘画有真正的兴趣；学生乙可能情商较高，善于和别人打交道；学生丙可能对自然观察敏锐，对分辨事物的不同之处极有天分。如果教师能成为细心的观察者，在发现每一个学生独具的优势的基础上，及时予以正确的引导和有效的帮助，学生不同的发展潜力就一定不会被教师单一的评价方式埋没了。

践行指导建议

1. 认同教师角色，增强承担教书育人职责的自觉性

众多学者从不同角度论证了教师应扮演的多重角色，教师角色的内涵是随着社会发展而不断发展变化的。韩愈在《师说》中说："师者，所以传道受业解惑也。"他概括地表述了古人对教师角色的认识。最简明且权威的释义则可见《教师法》："教师是履行教育教学职责的专业人员。"其实，从古到今，人们对教师角色的定位皆聚焦于教师教书育人的职责，对教师的定位是"教书匠"。具体来说，教师所教之"书"绝不仅限于"有形之书"，还有"无形之书"：既包括教材内容，也包括教材之外的内容；既包括课堂学习内容，也包括课外学

习内容。因此，教师不应甘成为传授书本知识的教书匠，而应有志成为人类灵魂的工程师。每位教师应明确，选择成为教师，就意味着要认同教师的基本职责——既要教书，又要育人。另外，教师需要在实践中自觉履行职责。为此，教师一方面应明确教书的目的与手段、内容与形式等基本要求；另一方面要掌握育人的规律、原则与方法。教师还要认识到教书与育人相互促进、相互制约的关系，坚持以严肃、认真的态度对待教育教学的日常工作，并不断地自主创新，对学生做到循循善诱、诲人不倦，不断生成并积累教育实践智慧，逐步深化教育情怀，在整个职业生涯中，始终自觉自愿、尽职尽责地育人。

揠苗助长

从前，有一个农夫，他嫌自己田里的稻苗长得太慢，因此整天忧心忡忡的。有一天，他扛着锄头下田了，他觉得稻苗似乎一点儿也没长高，于是苦苦思索着有什么办法可以使稻苗长高一点儿。

忽然，他灵机一动，毫不犹豫地卷起裤管就往水田里跳，开始把每一棵稻苗拉高一点儿。傍晚，农夫好不容易才完成他自以为聪明的"杰作"，得意扬扬地跑回家，迫不及待地告诉他的夫人："告诉你一件了不起的事，我今天想到一个好点子，让咱们田里的稻苗长高了不少。"夫人半信半疑，就叫儿子到田里去看看究竟是怎么回事。儿子听到家里的稻苗长高了，兴奋极了，飞也似的跑到田里去看。这时，他发现稻苗是长高了，但是一棵棵低垂着，眼看着就要枯萎了。

2. 加强心理与教育理论学习，确立教书育人的正确理念

学习心理理论有利于教师掌握学生心理发展规律，理解学生心理发展的共性与个性，准确诊断具体学生群体与个体的现实特点和成长需求。学习教育理论，则可使教师掌握教育教学规律，确立正确的教育观、教学观、学生观，在实践中善于运用有效的教育教学策略，积累教育教学智慧，顺利而高效地完成教育教学任务。很显然，教师只有不断加强心理与教育理论的学习，才能树立正确的教书育人理念，为潜心教书育人提供专业理性支撑与根本方向保证。只有在正确的理念指导下，教师才能在教育教学实践中，不断增强

专业自信、提升实践能力，高品质地履行教育教学职责。教师要给学生一个多彩的世界，进而关注不同学生各自的发展潜能，积极引领学生家长不要急功近利、揠苗助长，不对学生采取"一刀切"的育人策略，自主协调多方面力量，有效促进学生人格的健康发展。正如有教师从实践中总结出的"工具箱理论"：教师不能只有一把锤子，把所有的问题都看作钉子，每天都在砸钉子、拔钉子；而要拥有具备锉、凿、斧、锯等的工具箱，这样长了可锯、短了能接，因材而异，朽木雕新。

3. 在教学实践中，注重挖掘学科教学的教育性，使教书与育人高度统一、相得益彰

在学校生活中，需要教师投入精力最多、占时间最长、最影响学校办学质量的就是教学。自然地，从学校管理角度看，教学是学校的中心工作。而从教师的职责定位角度看，教书是基础、是手段，育人是关键、是目的。因此，教师必须利用学科教学的主阵地，通过多元路径完成立德树人根本任务，实现教师的职业价值。

教师要在学科教学中实施德育，就要充分利用学科教学内容、教学方法、教学手段、教学组织形式以及教学工作的基本环节等一切可以利用的因素，不失时机地对学生进行思想道德教育，使教学永远具有教育性。具体在所任教学科的课堂教学中，教师要有意识地根据不同学科的特点深入挖掘学科特有的教育因素，开展教学活动，引导学生对世界观和价值观等基本问题进行深度思考，从而提高学生的道德认知水平，丰富学生的道德情感，锻炼学生的道德意志，促进学生的道德行为习惯的发展。

随着课程改革的深入推进，教师还应在新课程理念指导下，深挖各学科教学的教育性，将教书与育人有机结合。《基础教育课程改革纲要（试行）》指出了基础教育课程改革的具体目标："改变课程过于注重知识传授的倾向，强调形成积极主动的学习态度，使获得基础知识与基本技能的过程同时成为学会学习和形成正确价值观的过程。""改变课程实施过于强调接受学习、死记硬背、机械训练的现状，倡导学生主动参与、乐于探究、勤于动手，培养学生搜集和处理信息的能力、获取新知识的能力、分析和解决问题的能力，以及交流与合作的能力。"

4. 学校建立科学可行的教师考评机制，为教师潜心教书育人提供重要保障

理论研究与实践经验共同表明：在学校管理中，价值引领需要配套管理机制建设到位，教师队伍建设也不例外。学校对教师一定阶段的工作绩效考评，包括考评指标与标准、组织程序、考评主体认定、考评对象分类、考评时间分布、考评结果应用等，均影响着教师的后续工作的取向与心态、投入与产出。因此，为保障教师潜心教书育人，学校必须建立科学可行的教师考评机制，从终端有效激发教师教书育人的内在动力。

在科学可行的教师考评机制的保障下，教师不必一味以考试成绩评定学生，也不必简单地以学生的学业表现证明自身的专业水平。教师应将主要时间与精力放在改进学科教学、研究学生成长规律上，有效促进学生的智能发展与人格发展。由此，教师便能享受职业尊严与职业幸福。若教师因不被认可、不能参与评优、个人利益受限制，而做出触及底线行为，则应受到相应的惩罚，并承担相应的责任。

追问与分享

1. 追问一

教师要潜心教书育人，应注重学科教学的教育性，是否意味着教师应把各门学科课程都上得像德育课？

分享

当然不是。如果这样，就曲解了"教学的教育性"。

根据教学的教育性要求，教师在各学科教学中，要基于学科的特点，挖掘德育因素，包括教学内容、教学方式、教学环节等。组织、调控教学过程，应以完成学科教学任务为根本目的，顺其自然地使学生在掌握学科知识及学习方法的基础上受到启迪，即达成教书与育人的有机结合。但是，教师无须为了"育人"而"育人"，牵强附会、生硬强加德育内容，更无须抹去学科教学的学科性，而凭空彰显教育性。教师应实施由外而内的德育灌输与渗透。因

此，学科课程不等同于德育课。德育课的教学内容需要以各学科知识为基础，其教学目的在于引导学生掌握为人处世的基本准则，学会与人、社会、自然和谐相处。因此，德育课的重点不在于要求学生掌握各主题内容的知识点，而在于通过主题内容的理论与实践演绎，唤醒学生的行动自觉性，激发学生的行动自愿性，达到知行合一，使学生养成良好的行为习惯。

2. 追问二

一位初中教师将学生分成多个小组，要求在学习上进行竞争：学业表现不理想的学生要给学业表现相对较好的学生买礼物。学校领导在接受媒体采访时表示，那些学生是自愿的，学校尊重学生的做法。

你如何看待这件事？

分享

该教师的做法与学校领导的说法显然都是欠妥当的。

不可否认，教师要求学生在学习方面竞争，有利于全体学生进步，也有利于形成积极上进的良好的学习风气。然而，要求学业表现不理想的学生为其他同学购买礼物的做法，虽然将惩罚与激励合二为一，但是缺乏教育性，不利于引导全体学生总结学习经验、反思存在的问题，也不利于促进学生发展。这种做法容易导致学生因关注礼物而产生攀比心理，进而产生负面情绪，致使班级人际关系不和谐，甚至引起学生家长消极介入。教师这样做虽然是出于激励学生学习上进的良好动机，但是会因所选用的强化方式不当，最终导致结果与预想的不符。

学校领导在接受采访时，肯定了这种做法，这是欠妥当的。学校领导不可因为学生是出于自愿的，就简单肯定教师做法的合理性。教师有责任引导学生用恰当的方式表达意愿，该教师没有尽到育人的职责，学校领导对这种不正确的做法应予以批评纠正，而不应为该教师找借口。

思考与实践

（1）个别教师认为，学生的优点即使不夸奖也跑不了，学生的缺点如果不批评就改不了。因此，他们总是否定、批评、训斥学生，而很少肯定、表扬、鼓励学生。你对这种观点和做法有何看法？

（2）请举例说明，教师应如引导学生"扬长避短""以长促短"。

（3）学校马上要开运动会了。运动会是各班亮相的"舞台"，也是检验教师工作的"考场"。如何对待并组织班上不同气质类型的学生，是教师不得不考虑的问题。

以下是教师对待每种气质类型的学生的两种不同的做法，如果供你选择，你会选择哪种做法？为什么？

①多血质的学生有朝气、有热情、活泼、爱交际、注意力容易转移。

做法一：务必提醒他们坐好，要看着他们，让他们不能随意走动。

做法二：让他们在运动会上负责组织啦啦队，负责照顾运动员和对外联络工作。

②胆汁质的学生直爽、精力旺盛、易动感情、反应迅速。

做法一：要让他们坐在看台上，重点看住他们，设法使他们一动不动地坐着，没有机会捣乱。

做法二：让这些学生当运动员，鼓励他们为集体争光。同时，让班上的同学给他们鼓励，为他们送水、送巧克力，为他们做好服务工作，让他们发挥得更好。

③黏液质的学生情绪稳定、有耐心、自信心强。

做法一：可以省些心，不必在他们身上下功夫。

做法二：实际上，黏液质的学生对很多问题非常有自己的看法，在关键时刻能出很多主意。可把这些学生组织到一起，让他们为班风建设出谋划策。

④抑郁质的学生观察细致、敏感、谨慎、情感体验深刻。

做法一：让他们在运动会上只坐着观察，不用他们喊"加油"，只让他们把自己的感受用文字表达出来，写成稿件，让别的同学专门送去广播站。

做法二：可以让他们加入啦啦队，使劲儿为运动员助威，用这种方式来激励他们关心集体、融入集体，从而体验到集体活动的快乐。

相关资料链接

修炼五　关心爱护学生

苏联教育家苏霍姆林斯基在《爱的教育》中提出了"没有爱就没有教育"的思想。在2014年第30个教师节前夕，习近平总书记考察北京师范大学时发表了重要讲话，勉励广大师生做"四有"好老师，他将"有仁爱之心"与"有理想信念""有道德情操""有扎实学识"并论，提出了新时代我国教师必备的基本素质。其实，不同的论说共同道出了教育的真谛：爱是教育的基础，爱是教育的永恒主题。

无论是出于本能还是责任驱使，爱学生的教师其实为数不少，但能感受到教师的爱的学生却不如我们期望的多。因此，每当论及师爱，我们就会感叹：教育中缺少的不是爱，而是如何正确理解及表达爱的方法。因为教师的爱不仅是一种情感和态度，它在本质上还是一种能力和智慧，教师应在实践中不断地加强修炼，否则，就难以获得所期望的效应。

> 我心中的理想教师，应该是一个充满爱心、受学生尊敬的教师。
>
> 爱的教育，是教育力量的源泉，是教育成功的基础。
>
> 我们有很多教师日复一日年复一年地在教，但是从没有在教的过程中找到乐趣，心中也没有涌起一种爱的热潮，这样的教师永远也不可能取得教育上的成功，永远也不可能把握教育的真谛。

　　未来的教育家应该投入全身心的力量去爱学生、爱教育。只有爱，才能赢得爱，你爱教育事业，教育事业也会爱你，你才能获得事业上的乐趣。你爱学生，学生也才会爱你，也才会让你在和他们的交往中忘记了外面的世界，忘记了生活的烦恼。

　　　　　　——朱永新：《我的教育理想》，111～112 页，桂林，漓江出版社，2014

准则要义

1. 严慈相济，诲人不倦，真心关爱学生，严格要求学生，做学生良师益友

　　这是教师应遵循的"关心爱护学生"行为准则的基本要求，主要包括两层含义：一是掌握表达师爱的艺术；二是构建良好的师生关系。

　　第一，教师要掌握表达师爱的艺术，就意味着教师要认识师爱的特点，在教育教学实践中把握好分寸，对学生宽严有度，并获得期望效应。所谓师爱，即教师对学生的关爱之情，它不同于人与人之间的一般感情。它既有母爱的无私性、友爱的平等性，又有不同于母爱的理智性、不同于友爱的责任性。因此，教师要关心爱护学生，必须从以下两方面入手。一方面，要对学生从严要求，在专业知识的学习引领过程中一丝不苟、精益求精；在指导学生为人处世时，以求真精神引导学生明辨是非曲直，办事有原则、讲公理，立场坚定，不可混淆是非。另一方面，教师还应看到学生具有的可塑性，要尊重、信任学生，尤其是对于学生的缺点、错误，教师应有包容之心，不可一味抱怨、指责，甚至歧视或厌弃，而应以促进学生身心健康成长为己任，有诲人不倦的精神，能循循善诱，因势利导，运用智慧帮助学生改正缺点、错误，使学生树立不断进步的信心。当然，无论是"严"还是"宽"，都不可极端化。"严"并非意味着教师对学生机械生硬地讲原则，冷酷无情地苛求，甚至刁难，不留余地管控一切；"宽"也并非要教师放任、溺爱、纵容、偏袒学生，这样会导致学生有恃无恐而言行无忌。教师应避免将二者割裂或对立，而应做到"爱"以"严"为基础，"严"以"爱"为目的。只有将两方面有机结合，才能严慈相济。

总之，师爱是理智、平等、公正的爱，是教育智慧的综合体现。在教育过程中，它既是教育方式，能激发学生学习成长；又是教育内容，能帮助学生懂得爱并学会爱。教师只有掌握了表达师爱的艺术，才能引导学生在感受爱、传递爱的过程中，获得人格的健全发展。

美国学者费奥斯坦（Lynda Fielstein）与费尔普斯（Patricia Phelps）在研究教师教育的理论与实践时，认为有道德的教师有如下表现："对学生和自己持有高期望"，能"恰当地使用权利"，与学生"保持健康距离"，能"公平评价学生的表现"，保护学生的隐私，自身"行为适当、始终如一"，能"避免将个人价值判断或将个人价值强加于学生"。

——［美］费奥斯坦、费尔普斯：《教师新概念——教师教育理论与实践》，王建平等译，242～246 页，北京，中国轻工业出版社，2002

第二，教师要构建良好的师生关系，意味着教师应积极主动地与学生沟通，走进学生的心灵，拉近师生的心理距离，逐步形成彼此尊重、相互理解、心心相印的和谐的师生关系。和谐的师生关系具体包括三个层面：一是工作关系，即教师与学生间的教育教学互动关系，主要体现在教师对学生的发展要尽职尽责，教学相长；二是心理关系，即教师与学生在相处过程中，彼此的认知、情感、意志关系，其中以情感关系为主，主要体现在教师与学生从陌生到熟悉的关系发展变化中，师生间逐步形成的彼此认可、相互依赖的心理关系；三是伦理关系，即教师与学生作为平等的人而产生的关系，主要体现在教师与学生之间的人格民主平等关系。在三层关系中，工作关系既是基础，也是目的所在，伦理关系、心理关系应以工作关系为基础，并服务于工作关系。在构建师生关系时，不可本末倒置。实践经验表明，积极的心理关系有利于工作关系的优化发展，有序的伦理关系则是维系稳定的工作关系的重要保障。如果有个别教师仅以工作关系为手段，旨在发展狭隘的情感关系，必将出现失德的言行表现。

> 　　生活常常以惊人的简洁明了的公式启迪我们，就像种瓜得瓜、种豆得豆一样简洁：骂人教会骂人、憎恨教会憎恨、偏见教会偏见、散漫教会散漫、爱教会爱、关怀教会关怀、宽容教会宽容、诚恳教会诚恳……在这里寻找不到"教师教会学生"的笼统说法，只有具体的"什么教会什么"。
> 　　——黄甫全、王本陆：《现代教学论学程(修订版)》，206 页，北京，教育科学出版社，2003

2. 不得歧视、侮辱学生，严禁虐待、伤害学生

　　这是教师要遵守的"关心爱护学生"行为准则的底线，也是教师在协调师生关系过程中必须严守的底线。"虐待、伤害学生"主要由体罚导致，而"歧视、侮辱学生"实则为变相体罚。体罚是指通过对人体、心理的责罚，特别是造成身体疼痛而进行教育或惩罚的行为。变相体罚是指不直接伤害学生的身体而使学生的心理受折磨，剥夺学生的学习权利或增加额外劳动负担的惩罚。常见的变相体罚方式主要有：运用侮辱性语言挖苦讽刺，即实施语言伤害；对学生态度冷漠或无视，使学生遭受不平等待遇、被孤立等。

　　体罚和变相体罚其实是个非常敏感的话题，事实上仅有个别教师会将其作为"有力"的教育手段来使用。从长远角度来看，无论是体罚还是变相体罚，都会对学生的心理产生不可逆转的消极影响，不仅会使学生直接产生与教师、同学对立的情绪，影响师生关系，影响学生的学习态度与学业表现；而且会使学生形成自卑、孤僻、封闭的性格，进而影响学生的自我认识与评价，影响学生的人生观、价值观。2022 年 8 月，教育部公开曝光了第十批 7 起违反教师职业行为十项准则典型案例，涉及体罚学生的就有 2 起。例如，2022 年5 月，云南省昭通市鲁甸县第二中学教师马某在课堂上对学生进行处罚。根据相关规定，给予马某降低岗位等级处分并调离教师岗位，给予其所在学校校长和党总支书记警告处分，对马某所在县教体局进行通报批评并责令做出书面检查。

　　当然，论及体罚，自然会提及惩戒，其实，惩戒并不等于体罚。惩戒是一种常规的教育手段，意在对学生的问题行为进行纠正，是在学生身心完全能够承受的前提下采取的教育措施，对学生能够起到教育和警示的作

用。由教育部制定的《中小学教育惩戒规则（试行）》于 2021 年 3 月 1 日起施行。该规则对教育惩戒做了解释："教育惩戒，是指学校、教师基于教育目的，对违规违纪学生进行管理、训导或者以规定方式予以矫治，促使学生引以为戒、认识和改正错误的教育行为。"该规则同时也规定了教师在教育教学管理、实施教育惩戒过程中不得体罚、变相体罚、辱骂学生。该规则的第四条规定："实施教育惩戒应当符合教育规律，注重育人效果；遵循法治原则，做到客观公正；选择适当措施，与学生过错程度相适应。"合理实施教育惩戒可以促使当事学生改过，帮助学生强化规则意识、是非标准，同时对其他学生有警示作用，有助于维护集体秩序。在实践中，使用合理的惩戒方式，也是教师教育智慧的体现。但教师应懂得惩戒只是一种手段而绝非最终目的。惩戒的目的在于惩前毖后、强化纪律、促使学生健康成长。另外，教师在对学生进行教育惩戒时，应明确目的，应冷静、慎重，切不可恣意妄为。教师在实施教育惩戒时必须针对学生的个性特点，根据时间、场合与违规程度，灵活地选择恰当的惩戒方式。

案例评析

案例一

我和"90 后"共成长

"90 后"是指我的学生，我对他们的形容是：老师眼中的"叛逆者"，自己心里的"大天才"，集体中的"边缘人"，学校里的"非主流"。站在"90 后"的面前，我开始觉得无奈，老方法不适用，新方法不会用，硬的不敢用，软的不管用。"90 后"引发了我的好奇心，激发了我工作的热情和灵感，让我开始探寻针对"90 后"的教育方法。

记得高一开学不久，我批评了一个没穿校服的学生，当时他对我说："你就会说'规定'，都穿同样的衣服，多傻啊！"面对张扬而叛逆的"90 后"，硬碰硬一定会两败俱伤，既然他们标榜"非主流"，那我就去了解"非主流"的定义。一方面，我让他们认识到我们提倡的"主流"是大家公认的价值观、道德观和行为准则，是每个人必须遵守的；另一方面，我表示理解他们的想法，将"非主流"定义为追求卓越，于是我在全班提出"追求卓越，拒绝平庸"的班级座右铭。只要是学校组织的活动，我就会带领学生去实践我们的座右铭。于是，我们班在运动会上获得了入场式评比第一名，在精神文明评比活动中取得了第一名和团体总分第一名，在体育节上夺得了校篮球联赛冠军，在校辩论赛上获得了冠军。

记得在学校举办歌咏比赛前，班长和宣传委员找到我，满脸不耐烦的表情，原来他们认为学校规定的曲目都"太俗""没创意"，大家没有了参与的积极性。我笑着说："一样的歌曲唱出不一样的感觉才是我们的水平！"我提议，将改革开放以来堪称经典的四首歌融入规定曲目。学生来了兴趣，有人作曲，有人编曲，有人伴奏。比赛时，我们的串烧歌曲让评委和观众掌声不断，我们获得了全校的特等奖。我的学生在各种活动中崭露头角，在其他班级的学生眼里，我和我的"90后"成为学校中吸引人眼球的"非主流"。

对于校运动会这样的大型活动，我注重让学生分工协作，让每个学生都动起来：运动员积极备赛、仪仗队刻苦练习、宣传组和后勤组为大家服务。在大家的共同努力下，我们班在运动会上取得了优异的成绩，宣传稿的数量和质量也是全校第一。于是，我就趁热打铁，在班里举行了主题为"我们第一，永远第一"的总结表彰会，表彰了表现出色的学生，并颁发了一张贴着集体照的奖状。"我们是风，不被左右；我们是风，无法阻挡。高二(2)班永远向前，年轻的世界我们放声歌唱……"当班歌响起时，我们每个人的脸上都是幸福的笑容。

生活在网络时代的"90后"的虚拟沟通能力超过现实沟通能力。可有人说他们不关心他人，缺乏社会责任感。事实真是这样吗？2007年，我们与托老所建立了联系。每周六，学生都轮流到那里做义工，陪老人聊天、帮老人翻身、给老人喂饭，用持之以恒的实际行动给老人送去真正的温暖和幸福。我们还带着老人去春游，当学生抬着轮椅走过小桥时，轮椅上的老人露出了笑容。80岁的贾爷爷为学生写下"温暖夕阳"四个字。多年来，我们的"温暖夕阳"敬老活动风雨无阻、从未间断。2009年

5月,我们获得"全国'五四'红旗团支部"的光荣称号,成为表彰会上唯一获此殊荣的中学团支部。"90后"用自己的努力得到了学校、家长、老师的认可。

"90后"给了我从事教育事业的幸福和快乐,他们让我看到了祖国的希望和未来,他们也让我知道:我的事业只有起点没有终点。

(案例提供:北京市第五十五中学 李梦莉)

评析

本案例记录了一个中学班主任与"90后"学生共同成长的故事和心路历程。案例中的班主任在与学生交往时,认真研究了"90后"学生的特点和成长需要,始终坚持以学生为本。无论看到学生有怎样的言行表现,这位班主任都能真诚关注,以炽热的爱和深厚的专业智慧,与学生一道找准解决问题的策略、探明集体前进的方向,并激活学生进步的动力,引领学生不断进取,让学生体会成功与成长的快乐,打造了一个享有多重荣誉、师生共同引以为豪的优秀班集体。这位班主任也因此坚定了为师从教的信仰,增强了自身的责任感、使命感,使教育之爱得以升华。

其实,这位班主任的故事,生动地解读与演绎了教育之爱。教师只有有了深深的教育之爱,才能坚定教育信仰;只有有了坚定的教育信仰,才能满怀激情地从事教育实践活动,将自己的生命力注入执着追求教育理想的过程中。教师应主动地进行自我心理调节,使教育实践在高尚的精神信仰驱动下开展。在教育实践中,这位班主任的个性化教育理念逐步形成。同时,教育实践结果也检验了个性化教育理念的教育效果。这样的教育,不仅能使教师体会到成功的快乐和欣喜,还能使教师形成对教育的持久热爱之情,并在进一步的教育实践中得以升华。

案例二

一篇学生作文为我解开了心中的谜团

我一个人静静地坐在角落里,盯着老师的背影发呆。我被老师遗忘了,遗忘在世界的某个角落……心里这样想着,就涌起了一阵莫名的失落感，一丝无奈的笑容挂在嘴角，痛苦地望着那越来越远的背影。

沉默包围着我，即使我内心是多么期待用自己的努力一步步地靠近老师。我清楚，自己是一只丑小鸭，没有漂亮的外表，没有振翅飞翔的勇气，没有韵味十足的内涵，没有……我没有的东西太多太多了。是啊，一只丑小鸭怎么能和那些美丽的天鹅相比呢？

当老师把班委集中到一起时，我发现他们无论干什么都是那样和谐而自然，他们仿佛永远都是那样令人瞩目。他们有才华，有能力，受老师信赖，可这些我都没有……

老师很少提及我的名字，更少找我谈话，我曾经一度认为老师忘却了班里还有我的存在。白天，我一如既往，脸上尽量展现笑容。只有晚上一个人的时候，我才小心收起白天伪装的笑容，我不想被别人看到这个真实而脆弱的自己。

那天，我病得无法起床，我努力想让自己尽快好起来，但实在是太难受了。之后，老师来了，她搂着生病的我，说了很多安慰的话，这些话好温暖，使我无法分辨那她到底是老师还是妈妈……

"别担心，落下的课我会帮你补，身体才是最重要的。"具有安抚作用的话传进了我昏沉的大脑，我扭过头，看见了一张关心的脸，平时那熟悉的面孔，今天看来又有一丝特别的亲切之感。此刻我竟有哭的冲动……

老师走后，我再也抑制不住那积攒了许久的泪水，热泪充斥着我的双眼……

老师用她的方式拉近了我们之间的距离，我认为这种方式叫关怀。

——张×

这是学生张×写的一篇作文，在她很小的时候父亲就因病去世了，她和妈妈只能住在姥姥家。她在班里不活跃，总是很安静，学习也很稳定，是一个不让老师费心的好学生。我们接触不多，但她和我有一种莫名的亲近感。为什么这个孩子和我这么亲近呢？她的这篇作文解开了我心中的谜团。我没有想到，我的信任和拥抱是她渴望已久的。刚上高三时，她跑来问我："您说我考哪儿？""清华！"我坚定地说。她有一点儿吃惊，紧接着认真地看着我的眼睛说："您说能，我就能！"高考结束后，我因病住院检查，她带着清华大学的录取通知书来医院看我，中央电视台的记者用镜头记下了这难忘的一刻。

这个孩子告诉给我一个道理：教师不要吝啬自己的微笑、拥抱，哪怕只是简单地拉一拉手，都会给学生爱的暖意。

（案例提供：北京市第五十五中学 李梦莉）

评析

本案例用大篇幅呈现了学生的一篇作文。这篇作文真实地描述了学生曾有的自卑、孤独与脆弱的表现，也勾勒出了一位关爱学生的教师的形象。教师的一个拥抱，使这名学生深深地感受到了教师的真诚、信任与母爱般的温暖……而这篇作文也解开了教师内心的一个谜团：一直以来学生对她的莫名的亲近感，出自学生对情感的需要、对真情关怀的渴望。学生带来的清华大学录取通知书，承载的不仅是成功的喜悦、对教师的信任与关怀的回报，还是教育之爱的力量。

整个案例让读者感受到了师生之间传递爱的效应。教师对学生的关爱是一种温柔的力量，需要教师以耐心、宽容、赏识的态度与言行来表达。教师的一个微笑、一个眼神、一个拥抱都会传递给学生温暖与希望，能增强学生学习成长的动力与信心，也能使学生与教师心贴心，"亲其师，信其道"。所以说，教育是一个漫长的、持久的、等待花开的过程，教师只有耐心地等待、温柔地呵护，才能见到花朵绽放。

践行指导建议

1. 确立正确的教育观、学生观，为师爱注入理性的力量

这是师爱有别于其他情感的根本特点，是决定师爱获得期望效应的关键。教师要确立正确的教育观与学生观，要不断学习心理学、教育学理论。教师应认识到教育的本质：教育是培养人的社会活动，教育的目的是教人向善，即追求真善美。因此，教育本身就是道德性活动。教师学习心理学、教育学理论，

可以认识到学生的本质属性：发展性、完整性、独立性。因此，教师应明确：学生是发展变化中的人，教师应相信其发展潜力，包容其不成熟的表现；学生是完整的人，教师应理解、关心其身心发展的多重需要，包括生理与心理的需要、理智与情感的需要；学生是独立、独特的人，教师应尊重其主体性和独立人格，讲求民主平等。

　　只有这样，教师的爱才不是盲目、被动的，教师才能理解学生，积极走近学生，做学生的良师益友。只有这

> "做最好的教师!"是一种平和的心态，也是一种激情的行动；是对某种欲望的放弃，也是对某种理想的追求；是平凡的细节，也是辉煌的人生；是"竹杖芒鞋轻胜马"的闲适从容，也是"惊涛拍岸，卷起千堆雪"的荡气回肠。
>
> ——李镇西：《做最好的老师——著名教育家李镇西 30 年教育教学精华》，序言 4 页，南京，译林出版社，2013

样，教师才能深度认同下面这句话：关心爱护学生不仅是教育的基本手段、教师的职业责任，而且是教育的原动力、教师的基本素养与教育信仰。

2. 真诚友善地对待全体学生，给予学生精神关怀、生命关怀

　　这是关爱学生的外在表现，也是使学生感受师爱力量的根本保障。真诚友善地对待学生往往以充分了解学生为前提，以有效促进学生发展为目的，表现为教师以平和的心态与学生相处、交流、互动，并与学生共情。因此，教师需要先通过多元路径和方式与全体学生积极有效沟通，全面深入地了解学生。第一，了解学生发展的共性与个性特征，包括年龄与年级特点、性格、气质、兴趣爱好、智能与品德特点、人际交往方式与交际圈等；第二，了解学生的成长背景与发展现状，包括家庭背景、家境、成长历程、生活习惯等；第三，了解学生的个人愿景与职业规划，包括个人梦想、职业理想、生涯规划等。教师应在充分了解的基础上，尊重信任全体学生，以"有教无类"的思想为指导，公正对待所有学生，做到一视同仁，以确保学生的身心健康成长为己任，给予全体学生精神关怀、生命关怀。教师不能因学生的学业表现、个性、家庭背景不同而对学生厚此薄彼，影响师生关系。在评价学生时，应以正确的学生观、是非观为指导，坚持客观、公正的原则，既要善于发现每个学生的闪光点，又要明确指出存在的问题和努力方向。

其实，真诚友善的态度，也是众多学生最渴望从教师那里获得的。美国著名教育家保罗·韦地博士花了 40 年时间，从收集到的 9 万名学生所写的信中，概括出了学生心目中的好教师具有的 12 种素质。其中，"友善的态度"，即爱学生、善待学生，被放在了第一位。可见，在学生看来，教师能以友善的态度对待学生远比教师具有渊博的知识更重要。

1. 友善的态度。"他必须喜欢我们。要知道，我们一眼就能看出他喜欢还是不喜欢教书。"

2. 尊重课堂内每一个人。"老师应对我们有礼貌。我们也是人。"

3. 耐心。"老师，请您耐心地听听我所提的问题。在您听来也许可笑，但只要您肯听，我才能向您学习。"

4. 兴趣广泛。"她带给我们课堂以外的观点，并帮助我们去把所学到的知识用于生活。"

5. 良好的仪表。"我立刻就喜欢他了。他走进来，把名字写在黑板上，马上开始讲课。你能看得出他是熟悉教学工作的。他衣着整洁，事事都安排得有条不紊。""她长得并不漂亮，但整节课瞧着她，我没什么反感。她尽力使自己显得自然。"

6. 公正。"老师，只要您保持公正，您对我尽量严格。表面上即使我反对严格，但是我知道我需要您的严格。"

7. 幽默感。"他讲课生动风趣，幽默活泼，听他的课简直是一种享受。"

8. 良好的品性。"我相信她与其他人一样会发脾气，不过我从未见过。"

9. 对个人的关注。"老师只和好学生谈话，难道他不知道我也正在努力吗？"

10. 伸缩性。"老师，请您记着，不久之前您也是学生，您是否有时也会忘带东西，在班上您是否样样得第一？"

11. 宽容。"她装着不知道我的愚蠢，将来也是这样。"

12. 有方法。"忽然间，我能顺利完成作业了，我竟然没有察觉这是因为她的指导。"

——［美］保罗·韦地，转引自于永正：《于永正文集》，217～218 页，徐州，中国矿业大学出版社，2002

3. 不断总结提升师爱的艺术，有效促进全体学生健康成长

关爱学生的教师不仅会表现出积极的情感与友善的态度，而且会表现出执着的精神，能坚持积累教育实践智慧，自主寻求适切的教育教学策略，有效地促进学生发展。其实，这是教师关爱学生的根本目的。如果背离这一目的，关爱就失去了意义，伟大的师爱也无从体现。

因此，提升师爱的艺术是指：教师在引领学生发展过程中，能为每个学生带来阳光般的温暖的爱，学生在温暖的爱的激励下，健康愉快地成长。当然，这需要教师不断提升修养境界方能达成。

职业境界——经师　教育者，传道、授业、解惑也。所谓经师，是指教师要严肃、严谨、严格地对待教育教学工作，做一个不"误人子弟"的、充分合格的教师。

专业境界——能师　所谓能师，就是具有教育智慧的专家型、研究型教师。有深厚的专业功底，有独特的教学艺术和风格，有出色的教学效果，有对教育教学的研究和探索，直至著书立说。

事业境界——人师　这是教师人格修养的最高境界。古人云："经师易得，人师难求。"人师以自身的人格魅力塑造学生的人格，以自己的德、才、情给学生潜移默化的、终身受益的影响和感化。这种境界也是教师完善自我、实现自我和超越自我的最高境界。

——安文铸：《为师之道——师德与教师修养漫谈》，
载《世界教育信息》，2004(Z2)，有改动

教师要确立以学生为本的教育观，坚定"一切为了学生"的教育信念，淡泊名利，在选择、运用教育教学策略时，始终都能努力做到"四个结合"：发挥教师主导作用与尊重学生主体性相结合、集体教育与个别指导相结合、正面引导激励与适当批评惩罚相结合、引导学生发扬优势与克服缺点相结合。另外，对于不同的学生，教师还要做到：在不同阶段，能提出合理、明确、适度的目标要求，并能及时、准确诊断学生的发展需求；在此基础上，善于找准契机，运用教育机智因材施教，实现教育效益的最大化。

教育机智是一种我们拥有责任的表达方式，我们以此来保护、教育和帮助孩子成长。

富有机智从一般意义上说意味着我们尊敬对方的尊严和主体性，而且我们试图对他人的智力和情感生活保持开放和敏感。

第一，一个富有机智的人具有敏感的能力，能从间接的线索如手势、神态、表情和体态语来理解他人内心的思想、感情和愿望。

第二，机智还在于具有理解这种内心生活的心理和社会意义。因此，机智知道如何理解在具体的情况下具体的人的诸如害羞、敌意、气馁、鲁莽、高兴、愤怒、温柔、悲痛等情感。

第三，一个富有机智的人表现得具有良好的分寸和尺度感。

最后，机智还有道德直觉的特点。一个富有机智的人似乎能感受到什么才是最恰当的行动。

机智可以表现为克制、对孩子的经历坦诚以待、尊重孩子的主体性、潜移默化的影响、在情境中充满自信，还可以表现为一种临场的天赋。

教育机智能做以下的事：保留孩子的空间，保护那些脆弱的东西，防止受到伤害，让破碎的变成整体，巩固好的品质，加强孩子的独特之处，支持个性成长。

——[加]马克斯·范梅南：《教学机智——教育智慧的意蕴》，李树英译，169～212页，北京，教育科学出版社，2001

追问与分享

1. 追问一

当遇到不讲理甚至蓄意为难教师的家长时，教师还能爱其子女吗？

分享

应该能爱，而且必须爱。

"关心爱护学生"是新时代每位教师必须遵守的基本行为准则，因此，教师不能以学生家长的态度、行为表现为标准来对学生施爱。教师在面对这种学生家长时，首先，应表示对家长的理解；其次，应发挥家校沟通协作的主导作用，努力与家长沟通交流，争取得到家长的认同与助力，形成积极有效的教育合力，共同促进学生健康成长。如果在有限的时间内得不到家长的配合与支持，教师也应自觉强化教师职业责任，一视同仁地对待学生。

2. 追问二

教师关爱学生和"护犊子"是一样的吗？

分享

当然不一样。

不可否认，教师关爱学生与"护犊子"有相同的一面，例如，自愿而不计回报地付出，真心地保护学生，勇敢而忘我地为学生抵御外来伤害等。但是，教师关爱学生与"护犊子"存在本质的区别。其一，教师的爱是面向全体学生的，而"护犊子"只会袒护自己的后代。其二，教师虽然会包容学生的缺点与不足之处，但也会实事求是地指出问题和错误，且会以专业智慧帮助学生解决问题、改正错误；而"护犊子"只意味着包庇、护短。总之，教师对学生的爱具有理智性、责任性、公平性；而"护犊子"则相反，是动物的母性本能，以自私排他为主要特点，缺乏理性，也缺少对学生未来发展的责任担当。

思考与实践

(1)教师应怎样运用神态表情、肢体语言表达对学生的关爱之情？

(2)在构建和谐的师生关系时，教师应注意避免哪些问题？

(3)教师应如何选用合理的教育惩戒方式？请结合自身的教学实际举例说明。

相关资料链接

修炼六　加强安全防范

── **职业行为准则** ──

六、加强安全防范。增强安全意识，加强安全教育，保护学生安全，防范事故风险；不得在教育教学活动中遇突发事件、面临危险时，不顾学生安危，擅离职守，自行逃离。

在学校的工作中，保证学生的人身安全的责任重于泰山。这不仅是学校的管理者、教师的共同认识，而且是对校园偶发安全事故的经验总结。正如众位校长于办学实践中所感悟的那样：安全工作是学校生存和发展的高压线，一旦学生安全出了问题，学校的所有成绩都将是负数，学校安全无小事。

一直以来，国家高度重视中小学校的公共安全，先后颁布了一系列关于学校公共安全管理的规定，以督促学校教师树立珍爱生命、安全第一、责任重于泰山的意识。2006 年 6 月，《中小学幼儿园安全管理办法》颁布。2007 年 2 月，国务院办公厅转发了教育部制定的《中小学公共安全教育指导纲要》。2013 年 3 月，在第 18 个全国中小学生安全教育日启动仪式上，教育部首次向全国中小学校发布了《中小学校岗位安全工作指导手册》，该手册第一次对校园内 40 个工作岗位做出明确的安全规范。2018 年，教育部印发了《中小学教师违反职业道德行为处理办法(2018 年修订)》，进一步提高了对中小学校公共安全的重视程度，在法规制度方面体现了国家意志，要求各级教育行政管理部门和学校一定要将中小学校安全的国家意志落实到具体的学校管理和各项活动中去。2021 年 10 月，教育部印发了《生命安全与健康教育进中小学课程教材指南》，以"安全应急与避险"为重点提出了安全教育相关内容进课程教材的要求及学科落实建议，引导中小学生增强安全防护意识。

因此，学校必须发挥主导作用，协调校内外的各方力量，牢固树立"珍惜生命，安全第一"的意识，把加强安全管理作为学校工作的重中之重，定期开展安全专项检查和整治活动。教师是加强安全教育、保护学生安全的主力军。每位教师在开展教育教学的过程中，必须时时处处加强安全防范，自觉承担保护学生安全的责任与义务。

准则要义

1. 增强安全意识，加强安全教育，保护学生安全，防范事故风险

这是教师要遵守的"加强安全防范"行为准则的基本要求，主要包括两层含义，一是在常态工作中，预防风险；二是在紧急临危时，保护学生的安全。加强安全防范的根本宗旨在于确保学生的生命安全和健康成长，保证中小学生德智体美劳各个方面顺利发展，成为国家和社会所需要的人才。

第一，教师要强化安全意识，以防范风险为重。

从近年学校公共安全的实际状况来看，个别学校虽有安全应急预案，但安全工作实施层面仍存有很多漏洞。分析近年来学生意外伤害事故的案例可知：除自然灾害引发的事故以外，很多安全事故的发生原因是有规律可循的。概括来说，导致安全事故发生的主要原因可归结为以下几方面的"不到位"：安全防范措施落实不到位，家庭或社会监管教育不到位，人防、物防、技防"三防"建设不到位，信息网络安全不到位，心理健康教育或生命教育不到位，校园及周边安全隐患整治不到位，学校安全的监督检查或整改措施落实不到位等。由此可见，要做好学校安全工作，学校、家长、社会必须多管齐下，协同联动。学校只有校内外共同承担起保护学生的法定义务，才能为他们撑起一片安全、健康、快乐成长的蓝天。

教师应提高站位，认识安全防范的重要性。学校是社会公共活动场所，这里的公共安全关系到国家基础教育事业的稳定和发展。学校公共安全以实现学生的生命安全和全面的健康成长为基本目标，是实现国家科学发展和构

建和谐社会的根本前提，是新时代"以人为本"价值观的根本体现，也是一个社会文明与进步的重要标志。学校切实保障学生的生命安全，是促进学生全面发展的基础，关系到社会稳定、家庭幸福和国家未来。无论是从政治、经济、文化的角度，还是从国家、社会和家庭发展的角度来看，重视和加强保护学校公共安全的各项工作都是千年大计。

教师在常态工作中，也要在思想认识上高度重视学生安全工作，必须确立"学生安全无小事"的意识，通过多元路径与形式对学生进行安全教育，引领学生采取有效预防措施，做到防患于未然。

教师只有重视学生的安全，才能在学校的常态工作中强化安全责任意识，避免麻痹大意，并不断提高教育和保护学生的能力，避免因教师自身的过错而对学生造成的伤害。学校应有计划地组织、实施安全教育。教师应发挥专业优势，承担安全教育课程的设计与实施工作，重点加强自防自救教育，提高学生的安全素质。同时，教师应积极参与策划和落实多种预防措施，努力杜绝校园安全事故的发生，坚决消灭学生安全事故的苗头。安全教育的内容应包括：交通安全、饮食安全、处理紧急情况、应对自然灾害预警、依法自我保护等，涵盖学生的衣、食、住、行各方面。教师在开展安全教育时，不仅要有担当精神和专业智慧，而且要争取学生家长的配合和支持，即家长的安全督导和教师的安全教育应相辅相成。

第二，教师要积极应对突发险情，以保护学生安全为重。

《教师法》规定，教师有义务"制止有害于学生的行为或者其他侵犯学生合法权益的行为，批评和抵制有害于学生健康成长的现象"，具体包括以下三方面内容。其一，教师要制止有害于学生的行为。无论是来自社会的还是学校内部的有害行为，教师都必须加以制止。其二，制止其他侵犯学生合法权益的行为。凡违反《未成年人保护法》而对学生实施侵害的行为，教师都应主动、及时加以制止，而不能置之不理。其三，批评和抵制有害于学生健康成长的现象。教师应抵制不利于学生身心健康成长的现象，给学生创造一个可持续发展的良好环境。

无论是在校园内还是在校园外，各种突发危险总是难以完全避免的。对于危及学生生命、有害于学生健康成长的行为和现象，教师必须履行对学生安全的保护义务和责任，努力地加以抵制、制止。从学校公共安全的构成要素看，在教师、学生、班级、活动、网络等五大要素中，教师是安全之魂，学生是安全之本，教师必须以学生的安全为重。

教师在遇到危及学生安全的突发事件时，应有责任理性和专业智慧，以学生生命安全和精神安全为重，以无畏的精神果敢、冷静、机智地保护学生，组织、引导学生采取保护措施，调用一切可利用的资源，或者尽力争取外援力量，全力承担保护学生安全的重任。

2. 不得在教育教学活动中遇突发事件、面临危险时，不顾学生安危，擅离职守，自行逃离

这是教师践行"加强安全防范"行为准则必须严守的基本底线。若安全事故是因教师擅离职守等行为造成的，教师就必须承担安全事故责任，按相关法律法规接受应有的处罚。

在现实中，仅有极个别的教师可能做出禁止性的行为。例如，在教育教学活动中，如遇地震、山洪、海啸、暴风雨雪等自然灾害时，或面临意外起火、歹徒暴力袭击、学生身体突发疾患等危险时，有的教师会忘却职业身份，丧失责任意识，全然不顾学生的安危，态度冷漠且不作为，更有甚者一味顾及个人利益，弃学生于不顾而擅自离岗、离职，先于学生远离事故现场。

教师若不履行保护学生安全的责任和义务，没有应对险情的积极作为，而任由险情继续发展，必将造成一系列严重后果。一方面，若错过师生共同抵御危害、应对危险的关键时机，不但不利于及时调用有限资源或争取并配合外援力量使危害损伤率降至最低，而且会导致现场学生的心理与行为慌乱，甚至带来二次伤害。另一方面，这势必会影响学生的身心健康，还会影响学生的是非观、价值观。对于教师而言，其行为表现有悖于学生对教师的心理期待，必将有损于教师的职业形象，危及教师的职业尊严；对于学校而言，不仅会遭受重大损失，导致教学秩序混乱，也会因个别教师未尽保护学生安全之责而使教师群体失信于社会。

不可否认的是，个别学校领导和教师认为发生校园安全事故是小概率事件。但是，校园安全事故一旦发生，必将有害于学生的身心健康，甚至危及学生的生命，造成无法挽回的有形的和无形的损失。因此，教师在履行基本职责的过程中，不可缺失"红线意识"，不可将保护学生安全的责任

置于教育教学职责之外，而将主要精力仅仅投入于教育教学，对校园安全保护放松警惕。

案例评析

案例一

优秀教师李芳用生命完成的"最后一课"

2018年，6月11日下午，河南省信阳市浉河区董家河镇绿之风希望小学正常放学，任教二年级语文的李芳老师，随队护送学生从校门自西向东回家，在途经一个红绿灯十字路口时，学生按绿灯指示有序通过。突然，一辆装满西瓜的深红色无牌照三轮摩托车自北向南闯红灯向学生队伍急速驶来，且毫无刹车迹象。在万分紧急之时，李芳老师一边大声呼喊学生避让，一边冲上前去用自己的身体挡住学生，并奋力地将学生推开。不幸的是，李芳老师被三轮摩托车严重撞击，倒地昏迷不醒，另有4名学生受伤。

经医院初步检查诊断，4名被救的受伤学生暂无大碍。为确保学生安全，4名学生被转移至市中心医院。经市中心医院专家进一步诊断，其中一名学生头部缝了6针，另外3名学生均为较轻的外伤，随后，4名学生均得到了较好的救治与护理。

李芳老师经进一步检查，被诊断为颅骨骨折，脑组织大面积出血，很快也被转至市中心医院。虽然全体医护人员奋力抢救，但还是未能挽救李芳老师的生命。

李芳老师在任教期间，爱护学生，团结同事，服从领导，勤恳工作，无私奉献，教育教学成绩突出，受到学生家长及同事的一致好评。她心怀大爱，临危不惧，舍己救人，用生命为学生上了最后一堂课，让崇高的师德和不朽的师魂熠熠生辉，塑造了新时代人民教师的光辉形象。李芳老师是践行"四有"好老师要求的先锋模范。2018年6月，教育部追授李芳老师"全国优秀教师"荣誉称号，并号召广大教师和教育工作者以李芳老师为榜样，学习她爱岗敬业、爱生如子的崇高师德。

评析

每个人的生命都只有一次，可李芳老师却在危急时刻将个人安危置之度外，毫不迟疑地舍身救人，把生的希望留给了学生。毫不夸张地说，李芳老师是用自己的生命写下了真正意义上的以身立教的伟大诗篇。

看了李老师的事迹，难免让读者回想起同样在面对危险时却做出另样选择的教师——2008年5月12日汶川大地震时那个让世人难忘的"范跑跑"。相较而言，李老师更让世人由衷敬佩，因为她在危急时刻仍不忘《中小学教师职业道德规范》中对教师提出的要求：保护学生安全。也正是因为有李芳这样爱生如子的教师，将学生的生命看得比自己的生命还重要，无论何时何地，始终以保护学生安全为己任的教师，全社会才放心将孩子托付给教师，教师职业才成为人人仰慕的职业。"选择了教师，就选择了高尚！"李老师用行动践行了这句话。

学校、家庭、社会应多方协同，切实保护学生的安全。本案例中的安全事故，完全是因为个别人置交通规则于不顾而导致的。因此，全社会应加强安全防范意识，遵守交通规则。这一方面要求学校将安全教育工作落到实处，另一方面要求社会完善安全保障机制，防患于未然。

案例二

山东一中学校园暴力视频曝光，校长被处分

2016年5月16日，一段山东校园暴力视频在网上传播开来。这段时长1分33秒的视频显示拍摄于男生厕所。一名男生被一名身体强壮的同学殴打，现场有数十名学生围观。通过对话可得知，打人者质疑被打者曾经向老师告他的"黑状"。

16日下午6点30分，公安部门发布通告称，5月15日晚，警方发现校园欺凌事件的视频后，立即对情况进行了解。16日上午会同教育局、事发中学、双方家长及学生对此事进行了处理。

公告称，这件事情反映了学校管理工作不到位，经教育局研究决定，

对该校校长给予行政警告处分，责令做出深刻检查；对该校初中分管校长、政教主任进行诫勉谈话，对其绩效考核进行降档处理；对班主任月度工作绩效考核做出一票否决的决定，令其做出深刻检查。同时，县教育局在全县中小学开展校园欺凌专项整治行动，全面整治校园内危害学生身心健康的各类隐患，为学生成长创造良好环境。

评析

就在此事件发生前不久，国务院教育督导委员会办公室向各地印发了《关于开展校园欺凌专项治理的通知》，要求各地各中小学校针对发生在学生之间，蓄意或恶意通过肢体、语言及网络等手段，实施欺负、侮辱造成伤害的校园欺凌进行专项治理。

近年来，随着政府和学校的安全措施全面落地，校园极端暴力事件的数量在整体上有下降的趋势，但仍应引起注意。中国青少年研究中心公布的一项调查报告显示，近三分之一的中小学生表示"自己偶尔会受到其他同学的欺负"，也有少部分中小学生则表示"自己经常被高年级同学欺负"。校园欺凌会给未成年人的心理带来不同程度的伤害，受害者可能也会采取以暴制暴的方法，成为下一轮校园欺凌的施暴者。

校园欺凌现象反映出学校在学生人格培养、道德与法律教化方面的缺失问题，学校管理者与教师具有不可推卸的责任。本案例中相关的学校的校长及各级管理干部、班主任都因此受到相应的处罚，这无疑为广大教师敲响了警钟。

践行指导建议

1. 强化教师安全责任，学校、家庭与社会共同确立尊重生命的道德观

习近平总书记指出："人命关天，发展决不能以牺牲人的生命为代价。这必须作为一条不可逾越的红线。""要始终把人民生命安全放在首位。"①我们所要大力倡

---

① 《始终把人民生命安全放在首位》，载《人民日报》，2013-06-08。

导的"以人为本、生命至上"的安全文化观，包含关爱生命的情感观、生命至上的价值观、尊重生命的道德观。

对于中小学教师而言，必须全员强化对学生的安全责任，应充分认识到：对学生的安全负责，既是对学生生命、对学校、对社会负责，也是对教师自身负责，包括对教师的职业生命和家庭负责，不可麻痹大意和存有侥幸心理。除此之外还应认同：关注生命是教育的本质。关注学生的生命，就是把培养学生认识生命、理解生命、提高生命、发展生命作为其基本的教育追求。离开学生生命安全这一主题，学校关于教育的一切努力都毫无意义和价值。

因此，对于学生的安全保护，要树立学校所有教职工都是第一责任人的意识，层层夯实安全责任，切实做到层层有措施、人人有责任，做到学校安全隐患排查率达到100％，重大隐患整改率达到100％。

当然，全社会也要强化安全意识，以学校为主导，以家校合作的方式使每个人都尊重生命、爱护生命。

2. 加强校园安全教育工作，师生共同增强预防和应对安全事故的能力

学校开展安全教育应以学生为主要对象，同时也要对教职工进行安全教育。教师应自觉承担为学生开展安全教育的任务。

第一，明确安全教育的主要内容。

教师在对学生进行安全教育时，必须使学生确立"四种安全观"，即主动防范观、终身防范观、综合素质观、生命无价观，使学生具有安全问题伴随一生的长期安全防范意识，认识到生命是无价的并珍视生命。具体教育内容主要包括以下几方面。其一，加强安全风险教育。教师应使学生具备识别一般危险的能力，如闯红灯、溺水、触电、网络欺诈和校园霸凌等，避免因缺少对危险后果的认识，疏忽大意，主观逞强，而造成意外事故。其二，加强安全防范救护教育。教师应培养学生在紧急情况下的自救能力和处理问题的基本技能，生命至上，确保在事故发生时不至于手足无措，能够采取有效的个人和集体救护手段。其三，开展体验式训练。体验式、演练式教育方法是研究者所倡导的在生命教育中的有效学习方式。生命教育应注重与学生的实际生活经验和社会实践相联系，采用学生乐于参与的形式开展。例如，编顺口溜、歌谣，分享案例，开展安全游戏、辩论赛、知识竞赛等，都是喜闻乐

见的形式。其四，加强心理健康教育，建立心理健康预警机制，教育学生注意保持健康、阳光的心态，帮助学生克服心因性障碍和问题，掌握应对挫折的方法，避免情绪失控等心理原因引发的突发事故。

2007年2月7日，国务院办公厅转发了教育部制定的《中小学公共安全教育指导纲要》，明确了中小学安全教育重点。其中，把小学一至三年级的安全教育内容重点确定为"预防和应对社会安全类事故""预防和应对公共卫生事故""预防和应对意外伤害事故""预防和应对自然灾害""预防和应对影响学生安全的其他事件"五个模块。把小学四至六年级的安全教育内容重点确定为"预防和应对社会安全类事故或事件""预防和应对公共卫生事故""预防和应对意外伤害事故""预防和应对网络、信息安全事故""预防和应对自然灾害""预防和应对影响学生安全的其他事件"六个模块。该纲要强调，对学生进行生命安全教育应渗透于学生的学科课程中。

第二，学校开设专门课程，使安全教育进课堂。

从中小学生的教育内容方面看，学校和教师保护与关心学生的生命安全，帮助学生实现身心健康成长，是现代学校教育内容的重要组成部分，是我们发展教育的初心，因此，学校必须开设相对独立的生命教育主题课程，有计划、有目的、有组织地通过课堂教学实施生命教育。

教师可以讲解安全教育专题知识、分析实践案例和定期组织实践演练，使每一名学生不仅从小就认识到安全的重要性、树立安全意识，而且掌握安全防范和自救的基本技能，在面对危险时不至于手足无措，能积极寻找脱险办法自救逃生，甚至在可能的情况下帮助其他同学脱险。

第三，学校安全教育要坚持"教育者先受教育的"的理念。

中小学教师的学科专业水平高，但这并不意味着他们预见安全问题和处理事故的能力就高。因此，要加强校园安全教育，就必须坚持教师教育先行的原则，通过教师先导性学习和师生共学交流体验等方式，提升教师的预防处置学生安全事故的知识和能力，将生命理念落实到有效地保护学生生命的实际行为中，让教师成为保护学生生命安全的多面手，让教师将责任心内化为对安全事故因素的警觉性，及时觉察和消除安全事故隐患，让家长放心，让人民满意。

3. 加强中小学安全管理制度建设，为校园安全提供保障

大量的实践经验表明，要防止校园安全事故发生，仅仅依赖于教师的安全意识和责任心是远远不够的，必须建立科学可行的学校安全管理制度。只有用制度才能固化学生的安全要求，使学校安全管理工作有法可依、有章可循。

学校安全管理制度建设必须坚持"以人为本"的指导思想，对学校师生都要全面体现人文关怀，应统筹兼顾师生安全，有效促进学校教育的发展。在安全事故的处理上，应以预防为主，完善安全责任追究制，不能等安全事故发生了，再去当"救火队员"。

根据相关法规要求，各学校应开展实践探索，建设和完善安全制度：建立和完善学校安全事故报告制度、安全信息通报制度、学校安全工作检查制度、安全事故责任追究制度、校外人员的登记验证制度、危房报告制度、安全隐患排查制度、消防安全制度、学生宿舍安全管理制度、校车管理制度等安全管理规章制度。

学校应建立一系列安全制度，使学校教师及其他工作人员明确安全责任与任务，能以有效措施预防校园意外伤害事故发生，降低校园安全事故的发生率。

4. 创造良好的学校安全的外部环境

《中华人民共和国义务教育法》第二十三条规定："各级人民政府及其有关部门依法维护学校周边秩序，保护学生、教师、学校的合法权益，为学校提供安全保障。"保证中小学生的安全是社会的系统工程，需要整个社会的关注，从学生安全防护的每个细节做起。

首先，学校应加强安全环境建设，包括学校的门卫要加强日常管理工作，要建立外来人员进出登记制度，未经允许，外来人员不得进入校园，更不得擅自进入餐厅、宿舍、教室、办公室等，以防止发生盗窃、投毒等各种破坏行为。在重点路段和地区的上学、放学期间，教师应和警察一起加强巡视，防止发生拦路抢劫、勒索和伤害学生的案件。在学校附近的十字路口、丁字路口，应设立减速标志和警示标志。另外，应增加教育投入，改善学校的安全设备。全面改善学校安全基础设施状况，安全保障工作就会得到进一步落

实，消除安全隐患。学校应尽早配备网络监控摄像头、对讲机等安全设备。因为完善硬件，可大大降低学校教职工安全工作的劳动强度，及时、准确地掌握学生的安全状态，及早觉察和控制危险因素，有效地降低校园事故的发生率。学校应根据教育和公安管理部门的有关规定配置校车，强化校车的规范化管理，杜绝使用黑车，避免发生交通事故。

其次，学校应主动和公安机关联系，请民警做辅导员，开展讲座，以实际案例增强学生的安全防范意识，从而落实各项安全防范措施。学校还应完善监控防范网络，切实加强对互联网、校园网的管理与监控，不断完善各类网络安全管理制度，及时封堵、删除有害信息，追查信息源。

最后，学校还应主动联系社会交通、工商、卫生防疫部门，共同维护学校及周边地区的治安、消防、交通、市场经营秩序和食品卫生安全，时刻关注学生的成长环境。

追问与分享

1. 追问一

现代生活中，手机已成为每个人的主要社交工具，同时也是娱乐工具。但从学校管理的现状看，无论是任由学生使用手机，还是严加干预、禁止学生使用手机，都会带来很大的潜在安全风险。那么，学生使用手机的问题是否就无解呢？

分享

当然不会无解。

为保护学生的身心健康，相关部门曾做出了手机不能进学校、手机不能进课堂的规定。但随着信息技术的发展和推广使用，很多智慧教育平台和智慧教室的硬件、软件，都需要平板电脑和手机这样的便携式终端的支持，不然就很难执行教育部提出的教育信息化2.0行动计划。因此，有计划、有制度、有措施、有纪律地使用数学资源，是不少学校的教育尝试。只有不回避教育管理实践中的问题和矛盾，和学生在同一个战壕战斗，才能主动防御、扬长避短，才能真正保护学生的信息安全和人身安全。

各学校可以共同探讨、相互学习。例如，为防止学生沉迷手机，已有学校总结出以下五招帮助学生摆脱手机的诱惑。

①制定明确的班规，增设手机管理员。

②对学生提出使用手机的要求，要具体问题具体分析。

③定期召开主题班会，让学生讨论使用手机的利弊，自觉远离手机。

④通过让学生自主选择，增强其自觉性。

⑤保持与家长的联系，随时沟通。

2. 追问二

有人强调：教师也是人，也有保护自己生命安全的权利。那么，应如何理解教师在面临危险时要首先保护学生的安全？

分享

对于"范跑跑"，社会上有如下三种观点。第一种观点是：这就是失职行为。教师不仅是知识的传授者，也是教学的组织者、学生行为的约束者。在出现突发情况时，教师有责任和义务组织学生疏散。但是，"范跑跑"没有尽到这一责任。第二种观点是：不跑而留下救人的是英雄，如果跑了就是普通人。但"跑"是人的正常反应。在地震那种突发情况下，谁都有可能胆怯，即使是老师也不例外。第三种观点是：真实的小人比伪君子强。

对于以上各种观点，我们应有清醒的认识。第一，从教师职业行为的基本准则和相关法律法规看，教师应遵守"加强安全防范"这一职业行为准则，教师要保护学生安全的底线要求是不得在教育教学活动中遇突发事件、面临危险时，不顾学生安危，擅离职守，自行逃离。当危难、事故发生时，任何教师弃学生于不顾都是不可原谅的行为。第二，正因为中小学生的身心发展不完善，所以在遇到紧急情况时，学生要比已成年且训练有素的教师缺少对危险的判断力和应对能力。教师必须扮演好学生健康成长引路人和安全保护者的角色。第三，教师在教育教学中要履行法定的责任和义务，必须将责任置于个人利益之上。正如我们不能认同军人在为祖国战斗时为了自己活命而逃跑这一行为一样。教师也必须明确，只要选择了教师这个职业，就选择了对学生安全责任的奉献和坚守。

思考与实践

(1)现实中，由于教师承担了大量教育教学和家校沟通工作，很难全面顾及学生的安全，那么，学校能否采用和家长签订安全责任书的方式避责呢？有人认为，确定家校双方在学生安全方面的责任和义务，可避免学生发生安全事故后出现"校闹"而耽误学校的正常教学秩序，你认同这种观点吗？

(2)学校如何利用多种形式对家长开展有关学生安全的教育？

相关资料链接

修炼七　坚持言行雅正

── 职业行为准则 ──

七、坚持言行雅正。为人师表，以身作则，举止文明，作风正派，自重自爱；不得与学生发生任何不正当关系，严禁任何形式的猥亵、性骚扰行为。

在社会生活中，每个人都有各自的言行习惯。有的人出口成章，有的人则口不择言。有的人温文尔雅、风度翩翩，有的人则风风火火、不拘小节。这些个性差异无所谓对错、好坏。人们展现出的不同的个性特点，只要不违反一般法律法规，旁人不可据此予以道德意义上的褒贬论说。对于教师而言，其言行习惯及风范同样可以反映出自身的个性特点。但是，由于教师职业具有特殊性，因此教师的言行已不是其个人范畴的事。正如俄国教育家乌申斯基所说："在教育中一切都应当以教育者的人格为基础……只有人格才能影响人格的发展和形成，只有性格才能形成性格。"①可见，教师的人格是教育力量的源泉。因此，直接呈现教师的人格的言行举止及风度仪表，历来成为教师立身教育必备的修养构成，影响着教师的职业尊严及教育效应。"其身正，不令而行；其身不正，虽令不从"，说的就是这个道理。

---

① 转引自［苏］巴拉诺夫、沃莉科娃、斯拉斯捷宁等编：《教育学》，李子卓、赵玮、韩玉梅等译校，3页，北京，人民教育出版社，1979。

将"坚持言行雅正"作为教师职业修炼的基本准则，是为教育力量提供动力的重要保证。教师要落实立德树人根本任务，要做到以德立身、以德施教、以德育人，就必须认识这一准则的含义及重要意义，并能自觉践行这一准则。

准则要义

1. 为人师表，以身作则，举止文明，作风正派，自重自爱

这是教师要遵守的"坚持言行雅正"行为准则的基本要求，是针对教师的外在言行举止、风度仪表而提出的基本要求。这是由教师职业的特殊性决定的，是教师必须遵守的有别于其他职业的特有的行为准则。

这一准则的主要含义可以从两个层面来理解：一是教师应加强个人修养，注重自我完善，在实践中切实做到以德立身；二是教师应认同教师职业的特殊性，自觉领悟教师人格的教育性，注重为人师表，在实践中做到以德立教。

所谓以德立身，即教师需要在工作与生活中做到行为举止合乎基本的社会道德规范，有礼有节，不可随心所欲、肆意妄为。具体表现是：言语表达恰当、友善，自觉戒免粗俗、污秽用语；着装整洁、美观、大方，仪表端庄、儒雅且不低俗或过于新潮、前卫。在与学生的互动过程中，教师应教态稳重自然，使全体学生在不知不觉中放松，产生自主亲近教师的趋向，进而形成融洽的师生关系。与此同时，教师应从多方面加强学习和修炼，不断提升自我，在教育教学中彰显人格魅力。

所谓以德立教，即教师应具有为人师表的意识，认识到自身人格的教育工具性，能够基于教师的职业特点，深刻认识自身以德为先的人格特征是无声无形的教育手段、教育工具，会对学生的身心发展产生深远的影响。由此，教师必须坚持以身作则，始终自觉而有意识地从言行举止到风度仪表，再到为人处世的整体精神风貌上，自我约束、自我调控，从而不悖于社会期望，彰显儒雅风范，逐步形成良好的品质，努力成为学生及世人学习、效仿的榜样，使学生自然生发"要成为教师那样的人"的志向。换言之，新时代的中国教师，要想做到以德立教，就要在履职过程中，为社会培养有理想、有道德、讲文明、守纪律的"四有"人才，自主释放正能量，实现以德育德，以人格育人格。

教师只有以德立身、以德立教，才能实现为人师表。其实，为人师表也是我国自古提倡的师德风范。"为人师表"之语可见于《北齐书》中"杨愔重其德业，以为人之师表"两句，在这里，"师表"意指"榜样""表率"，即在人品、学问方面成为别人学习的榜样。后来，为人师表逐渐成为人们对教师道德形象的要求，成为教师职业最基本的规范。"学高为师，身正为范。"为人师表是从教师职业在道德范畴做出的特殊性规定，强调了教师的榜样作用。

无论是教师还是学生，或是其他社会人的品德，都需要达成知、情、意、行等几个要素的和谐发展。其中的"行"，即一贯的行为表现，直接呈现的是人的内在品德修养，既是特定阶段人的既有品德修养的结果，也是进一步提升品性修养水平的切入点。在修养品德的过程中，"知"是基础，

> 要学生做的事，教职员躬亲共做；要学生学的智识，教职员躬亲共学；要学生守的规则，教职员躬亲共守。
>
> ——陶行知：《中国教育改造》，34页，北京，商务印书馆，2017

"行"是关键。教师应统整"情""意"而达成知行统一。教师还应始终注重内外兼修，实现整体提升。要准确判断一个人的道德修养水平，就要听其言、观其行。教师必须注重规范从教行为，为人师表、表里如一。

2. 不得与学生发生任何不正当关系，严禁任何形式的猥亵、性骚扰行为

这是教师外在言行修炼中必须严守的基本底线，是主要针对教师在与学生交往时的言行而言的。具体来说，教师在与学生交往时，必须明确并时刻自我警醒：不得利用工作关系，以任何托词，包括因醉酒失去理智、个别学生不自重、其他外力强压等，而与学生发生不友善的肢体接触，以及其他任何不正当关系。无论是在课上还是在课下，无论是在校园内还是在校园外，无论是在寒暑假还是在其他节假日，都不可对学生施以任何形式的猥亵、性骚扰行为。

2022年12月，教育部公开曝光了第十一批7起违反教师职业行为十项准则典型案例，教师对学生有猥亵、性骚扰、性侵行为的案例有3起，其中有大学教师，也有小学教师。

正当的师生关系，是指教师与学生之间以工作关系为出发点和落脚点，所构建的包括工作关系、以情感关系为主的心理关系、道德关系等整体和谐的三层关系，是提升教育教学有效性的必要基础。每位教师对于三层关系的整体认识与把握绝不可本末倒置，即仅以工作关系为手段，确立狭隘的情感关系，并且为了发展情感关系，肆意触及教师行为准则的底线，置基本的道德伦理关系于不顾。这样，就会产生始料不及的、有悖社会期待的恶性连锁反应。个别教师做出了逾越底线的行为，就应接受社会的谴责和应有的处罚，因为这阻碍了相关学生的身心健康发展，致使家校关系敌对，社会影响恶劣。同时，会给其他学生留下心理阴影，使学生心有余悸，对于多数教师主动走近、关心的动机做不友好的推断，导致学生群体对教师失去信任，教师群体的整体形象被破坏，教师的职业尊严遭受贬损，进而影响整个社会久已形成的尊师重教的良好风尚。

案例评析

案例一

张桂梅代表的新梦想

来北京参加二十大，云南丽江华坪女子高级中学校长张桂梅代表还保持着在学校的早起的习惯。

清晨5点多，张桂梅就起床了，只是这几天她不用像往常一样巡视校园，而是忙碌地按大会的各项议程履行职责。

脚部微肿、行动不便，手上仍是贴满了膏药……长年被病痛折磨的张桂梅，眼神格外坚毅。

认真学习二十大报告等大会文件、准备发言提纲……无论是开大会还是小组讨论，她都全神贯注。休息的间隙，张桂梅会和学校老师通个电话问问情况，她还牵挂着几千里之外的学生们。

这并不是张桂梅第一次参加党的全国代表大会。

2007年10月，当时还是华坪县民族中学教师的张桂梅作为党的十七大代表参加了大会，在接受记者采访时讲述了她的"一个梦想"："我想办一所不收费的女子高中，把山里的女孩子都找来读书。这是我的梦想。"

2008年9月，在党和政府以及社会各界帮助下，张桂梅终于实现了她的梦想，全国第一所免费女子高中——云南丽江华坪女子高级中学落成开学。

建校至今，华坪女高已有2000余名毕业生考入大学。许多女高学生如今已大学毕业，成为教师、医生、军人、警察……

"最让我欣慰的是，女高的姑娘们没有忘记学校的教育，党和国家哪里有需要，就到哪里去。"张桂梅说。她的学生有在毕业后主动报名去西藏当兵的，还有放弃城市里的工作后回到家乡建设家园的。

站在北京金秋的阳光下，张桂梅向记者讲述了她的新梦想："原来我们是让孩子们能读得到书、人人有书读，这次我看到了更高远的目标——让孩子们读好书！"

张桂梅说："我的这个梦想是和总书记在报告中提及的全面推进乡村振兴和实施科教兴国战略紧密联系在一起的。""我们希望城里高质量的老师、好的大学毕业生能够走进乡村，用教育来振兴乡村。"

（新华社记者胡喆、庞明广、王宾）

评析

张桂梅是忠诚践行习近平总书记关于教育的重要论述，特别是"四有"好老师要求的榜样。她坚守教育报国的初心，牢记立德树人的使命，为国家培养了一批批人才。张桂梅投身教育的决心和实际行动，影响了华坪女高的学生们，这些学生也像张老师一样，"党和国家哪里有需要，就到哪里去"，一起去实现新梦想。教师雅正的言行能给学生正确的方向，每位教师都应以身作则，成为学生的榜样。

案例二

教师因带领学生应援娱乐明星被处罚

2020年12月，教育部对8起违反教师职业行为十项准则典型问题进行了公开曝光。其中，曝光了教师耿某带领学生应援娱乐明星的问题。

2020年5月，耿某在上课时间带领学生为娱乐明星应援，并录制视频在网上传播，造成了不良影响。耿某的行为违反了《新时代中小学教师职业行为十项准则》。根据《中小学教师违反职业道德行为处理办法（2018年修订）》等相关规定，相关部门给予耿某停职检查处理，对学校校长进行诚勉谈话。

评析

教师作为教书育人的典范，理应恪守职业道德，引导学生向上向善，做传播正能量的践行者。作为个体，教师追星也无可厚非，但是带领学生应援，并且录制视频在网上传播，不但暴露了学生的个人隐私，而且也容易导致学生形成错误的观念：追求不切实际、光鲜亮丽的生活。近年来，违法失德艺人频出，教师要以追星这种价值导向教育学生，很容易将学生引向歧途。

青少年容易被"粉丝文化""追星行为"影响，虽然可以从偶像身上学习他们努力、为梦想坚持的一面，但盲目地追星，易导致极端行为。教师应以身作则，帮助青少年树立正确的人生观、价值观。教师在青少年追星方面的教育应着重于"导"。一方面，教师可以"我们应该追怎样的星"为主题开展"追星"系列问题大讨论，通过广泛深入讨论，帮助青少年树立正确的追星观；另一方面，扎实开展好青少年的德育工作，引导青少年以科学家、爱国志士为偶像。

践行指导建议

1. 强化为人师表意识，充分认识教师人格的工具性、教育性

这是教师坚持言行雅正的前提条件。教师应强化为人师表意识：一方面，

要深度认同教师职业特点，认识到自身的言行影响着教学过程与教学质量；另一方面，要自觉地不断完善自我，在陪伴学生成长的过程中，有意识地从言行修炼入手，力求给学生积极的影响，提升人格魅力，以身示范，促进学生人格的健康发展。为此，教师必须明确，选择教师职业就选择了为人师表，在履行传道、授业基本职责的同时，需要率先垂范、以身立教。教师要修炼优秀的职业品质，不仅要不断优化专业知识、专业能力和从业态度，而且要持续关注个人言行举止、风度仪表，自主诠释教师人格的工具性、教育性。

> 教师具有优秀的能力和知识，又有充分发展的人格，她自己是环境中的一个经常的和最重要的因素，她对在她周围成长着的儿童起着同样决定性的影响，因为这种影响采取间接的暗示和示范的形式，而不采取教训和命令的形式。
>
> ——[英]沛西·能：《教育原理》，王承绪、赵端瑛译，112页，北京，人民教育出版社，1992

　　教师人格的工具性、教育性，概括而言，不仅表现在对于学生发展的深远影响上，而且表现在对自身身心状态以及社会文明发展的深远影响上。首先，中小学生有向师性，教师是学生直接效仿的对象，既影响着学生的情绪状态、学习积极性及整体精神风貌，也影响着学生的言行、习惯，还影响着学生的审美观及价值观。其次，教师注重言行修炼，能使自身在工作中保持积极向上的精神状态，有利于形成和谐的人际关系。最后，从社会范围看，教师职业有导向性、示范性，教师群体若能做到言行雅正，就会成为世人学习的榜样，引领社会的文明发展。

　　教师只有充分认识自身人格的工具性、教育性，才能激发言行修炼的持续的内在动力，并达成较之于他人更高的修炼目标；进而才能做到以德育德、以人格育人格，成为新时代的好教师。

> "言教"并非独立的一回事，而是依附于"身教"的；或以言教，或不言而教，实际上都是"身教"。"身教"就是"为人师表"，就是一言一动都足以为受教者的模范。
>
> ——叶圣陶：《教育工作者的全部工作就是为人师表》，载《教工月刊》，1984(5)

2. 立足学生人格发展，从自身言行细节着手，不断完善自我，做到以德育德

　　教师坚持言行雅正、完善自我的根本宗旨在于为学生成长提供积极影响，促进学生人格发展。苏联教育家苏霍姆林斯基说："我们工作的对象是正在形成中的、个性的、最细腻的精神生活领域，即智慧、感情、意志、信念、自我意识。这些领域也只能用同样的东西，即智慧、感情、意志、信念、自我意识去施加影响。"①为此，教师需要从言行细节上严于律己，主要包括语言、行为、仪表等方面。在语言上，要力求措辞清晰、规范、儒雅，尤其是在师生对话交流过程中，措辞、语气、表情手势等应表现肯定、激励、友善的态度，而避免指责、抱怨、讽刺。在行为上，无论是在课上还是在课下，无论是在校内还是在校外，教师要有意识地约束自我，有效地自我调控，尤其是在与学生的近距离交往过程中，交往的对象、交往的频率、面对面时的身体间距及眼神、手势、体态、动作等，力求将分寸拿捏得恰切。教师应有同理心，深明"己所不欲，勿施于人"之理，并随时自我警醒：自身一切作为都应以有利于学生身心健康成长为准绳。无论何时，教师皆不可随心所欲、肆意妄为。在仪表上，应追求简朴典雅之美，避免或一味新潮前卫而奢华无度，或不拘小节而衣冠不整、不修边幅。当然，教师追求时尚，展现时代风貌并无可厚非，但教师只有将外在的

　　须知天地间再没有什么东西，能比孩子的眼睛更加精细、更加敏捷、对于人生心理上各种微末变化更富于敏感的了，再没有任何人像孩子的眼睛那样能摸捉一切最细微的事物。

　　教师每天仿佛都蹲在一面镜子里，外面有几百双精敏的、富于敏感的、即善于窥伺出教师优点和缺点的孩子的眼睛，在不断地盯视着他。

　　——[苏]米·伊·加里宁：《论共产主义教育和教学（1924—1945年论文和讲演集）》，陈昌浩、沈颖译，177、186页，北京，人民教育出版社，1957

---

　　① [苏]B. A. 苏霍姆林斯基：《给教师的建议》，周蕖、王义高、刘启娴等译，4页，武汉，长江文艺出版社，2014。

形象美、语言美、行为美与内在的心灵美高度统一，才能真正成为学生的榜样。

3. 注重内外兼修，使言行举止透显内在美

教师的外在美是内在美的直观呈现，而内在美是外在美的支撑。因此，教师不可仅停留在外在言行仪表的修炼上，而应将外在言行修炼与内在职业品质提升相结合。如若不然，教师将在职业修炼过程中走向极端，或只注重外在言行，虽仪表堂堂，但实则道貌岸然、表里不一，使学生避之不及；抑或仅满足于提升内在修养，而忽略外在仪表，常不修边幅、随性邋遢，使学生敬而远之。

教师唯有内外兼修，尤其是以内在修养为主，不断提升人生境界，方能彰显人格魅力。学生若在关注教师外在仪表的同时，能为教师内在人格美所吸引、折服，就会产生内外兼修的动力，实现人格的健康发展。

教师要不断提升人生境界，就要在职业实践中保持旺盛的精力，自主培养丰富的兴趣爱好，充分利用多元路径学习思考，在不断修正完善世界观、价值观、审美观的同时，有意扩宽视野、打开胸襟，拓展人生格局。教师要放远眼光、激活思路，尤其是在教育教学实践中，要以阳光的心态、丰富的专业智慧、不失理性的激情，引领学生健康成长。

追问与分享

1. 追问

教师要做到"坚持言行雅正"，是否意味着就要放弃个性与活力而循规蹈矩呢？

分享

这是对教师"坚持言行雅正"行为准则的错误理解。

教师的言行举止合乎职业规范、彰显儒雅风范，与教师彰显个性及释放活力并不矛盾。首先，儒雅风范的呈现形式不是单一的，而是多元化、个性化的。其次，教师职业本身具有较强的专业性，在专业实践中，教师需要发挥自主性，因此对于教师的职业言行修炼，就不应当提出具体而统一的要求，其结果也不可能展现出整齐划一的风貌。最后，教师职业修炼的最高境界应是游刃有余地

遵守准则，达到"从心所欲不逾矩"的境界，即教师应不失个性与活力且不逾越规范准则地享受自由，自在自为，释放出独特的人格魅力，为社会做出独有的贡献。总之，教师坚持言行雅正与教师展现个性与活力是相得益彰的。

2. 追问二

现实中有的教师着装新潮前卫，也有的教师不修边幅，这样都会影响教学质量吗？

分享

虽然不一定会影响教学质量，但是会影响学生的人格发展。

教师职业的特点就在于，教师自身的一切，包括人格特点，都是教育力量的源泉。因此，教师要履行教书育人的基本职责，就必须注重内外兼修。众多教育实践经验表明，教师的着装如若过于新潮前卫，或不拘小节、不修边幅，即使教师会全力以赴地确保教育教学质量不打折扣，也必将对学生产生消极影响。从短期角度看，不仅会导致学生在教育教学互动中分散注意力，影响高效获取学习信息的效果，而且会导致部分学生简单模仿，一味求新、求奢华或求异、求另类，而有悖于学生应展现的朝气活力的、简洁健康的美；而从长期角度看，则会导致学生正在形成的审美标准、价值标准出现偏差，影响正确的审美观、价值观的形成，最终影响其对真善美的追求。

思考与实践

(1)根据自身体会及见闻，试论在师生相处过程中，教师应如何把握自身的言行举止。

(2)理论联系实际谈谈教师应如何做到"以身立教"。

相关资料链接

修炼八　秉持公平诚信

职业行为准则

八、秉持公平诚信。坚持原则，处事公道，光明磊落，为人正直；不得在招生、考试、推优、保送及绩效考核、岗位聘用、职称评聘、评优评奖等工作中徇私舞弊、弄虚作假。

众所周知，公平诚信历来是全社会必须遵守的基本准则，秉持公平诚信有利于构建和谐的社会人际关系，维系整个社会稳定的秩序。长期以来，引导孩子养成公平诚信的品德，已成为学校教育和家庭教育的教育内容与教育责任。在现代社会生活中，若缺失公平诚信这一美德，对于一般的社会人而言，不仅会被世人唾弃、孤立，也会承受自身内心的纠结与不安；而对于教师群体而言，还会殃及几代人的健康发展，后果不堪设想。因为教师作为社会文明发展的引领者、促进者，以及未成年学生品格的塑造者，其人格影响着一代又一代学生的人格，最终影响着整个社会的风尚。无疑，教师以公平诚信为职业行为准则，有重要且深远的意义。

准则要义

1. 坚持原则，处事公道，光明磊落，为人正直

这是教师要遵守的"秉持公平诚信"行为准则的基本要求。所谓公平诚信，

主要包含公平与诚信两层含义。公平，即平等、公正，不因纯情感因素而非理性地因人而异，即标准原则不恒定。公平具体表现在两个方面：一是对他人，不可厚此薄彼；二是对自己，坚持付出与回报对等原则，意指劳动付出应大于或等于回报，但不得小于回报，付出与回报均是从体力与心智、物质与精神层面来说的。平等与公正是从社会层面概括出的社会主义核心价值观。从宏观社会意义上说，平等指的是公民在法律面前一律平等。它要求尊重和保障人权，人人依法享有平等参与、平等发展的权利。公正，即社会公平和正义，它以人获得解放、自由平等权利为前提，是国家、社会的根本价值理念。诚信是指诚实、守信。诚实，即尊重事实，能实事求是地、客观地认识问题、分析问题，并能诚恳待人。守信指信守承诺，说到做到。其实，诚信是人类社会千百年传承下来的道德传统，也是社会主义道德建设的重点内容，构成了社会主义核心价值观个人层面的基本内容。

概括而言，公平诚信的人会表现出为人正直、光明磊落、做事公道、坚持原则等特点。公平诚信是现代社会人人应有的道德风范，教师与其他社会群体均不例外。

对于教师群体而言，要秉持公平诚信，其基本含义在于：教师在为人处世时，能依循基本原则，坚守稳定一致的标准。具体表现在教育实践中有以下两方面。一方面，对自己从严要求，为人是非分明、内心坦荡，能主持公道、勇于担当，在劳务付出与利益获取过程中能坚持对等原则。另一方面，对他人公平公正，具体包括：公正平等地对待不同的学生及其家长，信守承诺，以理服人，不感情用事；在协同完成各项工作任务的过程中，能立场坚定，对专业同伴、学校领导及各层管理者一视同仁，即能坚持一致性原则，不因人而异、厚此薄彼，努力维护教育公平。

教育公平有其特定的内涵，它是指学校教育、教师为学生成长所提供的专业服务应一视同仁，主要包括受教机会、关注度、信息资源等，不因学生的学业表现、个人生理状况、家境、与教师疏密关系而区别对待。当然，教育公平不排斥教师基于学生的既有发展水平和个性差异而因材施教、因势利导。教育公平与否，事关每个学生的健康成长。没有教育公平，就没有人平等发展的起点和机会。

将"秉持公平诚信"作为教师职业行为准则，不仅有利于教师准确把握教师职业角色内涵、维护教师职业尊严，而且有利于协调教师与学生、家长、同行的基本伦理关系，为职业价值的充分实现提供必要的保证，有利于践行与培育社会主义核心价值观。

> 要加快推进教育现代化，要办好人民满意的教育，让每个人都有平等机会通过教育改变自身命运、成就人生梦想。
>
> ——李克强：《政府工作报告——2018年3月5日在第十三届全国人民代表大会第一次会议上》，载《中华人民共和国国务院公报》，2018(12)

2. 不得在招生、考试、推优、保送及绩效考核、岗位聘用、职称评聘、评优评奖等工作中徇私舞弊、弄虚作假

这是教师在践行"秉持公平诚信"职业行为准则时必须严守的基本底线，主要包括两个方面。

一是教师在对待学生利益上秉持公平诚信的底线。具体在招生、考试、推优、保送等事关学生切身利益的工作环节上，教师不能对个别学生有所偏斜，应坚持统一标准，保障每一名学生的权益。个别教师的徇私行为不仅会直接损害众多学生的利益，使他们无法信服，也会误导被"特别对待"的学生：凡法则皆可因私情而逾越，"公平"仅是子虚乌有的概念。

二是教师在对待自身利益上秉持公平诚信的底线。具体在获取自身相关利益的过程中，包括绩效考核、岗位聘用、职称评定、评优评奖等，教师应依循共同法则参与公平竞争，不弄虚作假、欺上瞒下以取得不当利益。例如，现实中有个别教师在荣誉面前，不能从个人工作绩效和评定标准出发，而是"我"字当头，不择手段地夸大工作成绩，或将团队业绩揽为己有，甚至伪造业绩等。另有个别教师在教育教学科研中缺少知识产权意识，在公开发表的个人署名的研究论文、书籍中，出现大量抄袭他人研究成果而未做引用标注的现象等。这样不仅会损害教师同伴的利益，而且会侵犯知识产权、欺骗读者。这样的教师"其身不正"，没有资格为学生主持公道，为社会传承公平诚信的良俗风尚，也无从担当立德树人的基本职责，实现教师职业价值。

案例评析

案例一

教师参与高考舞弊被判徇私舞弊罪

2004 年 6 月 7 日，青海省某中学教师王某、刘某两人受县招生委员会委派，担任当天下午高考英语考试的监考人员。在高考前，王某受朋友郭某之托，刘某受同事贾某之托，分别答应对 18 考场的 17 号考生和 17 考场的 11 号考生在考试中给予"照顾"。

2004 年 6 月 7 日下午，经考前抽签，王某为 21 考场监考人员，刘某为 18 考场监考人员。抽签后，王某找到学校校医赵某和教师刘某，要求二人给 18 考场的 17 号考生传递答题纸条，二人表示同意。考试开始后，王某根据考卷上的作文题目写了一篇作文，然后将这份答案经赵某传给刘某，刘某将答案传给了 17 号考生。17 号考生抄完后，刘某再次将答案传给了同考场的自己的侄子。而后，刘某将答案带出 18 考场，在 17 考场门口交给考场监考人员马某，让其传给了该考场的 11 号考生。

在随后的高考评卷工作中，英语学科评卷组发现 3 名考生的试卷雷同。事发后，青海省招生委员会取消了 3 名作弊考生的全部科目成绩，参与作弊的几名教师和工作人员受到党纪、政纪处分。

王某和刘某，被海东中院一审判处徇私舞弊罪，免予刑事处罚。

评析

该案例中所提及的教师在担任高考监考员时，为 3 名考生英语考试作弊，结果受到了应有的惩处。但凡读此案例者，无不为省招生委员会及当地法院共同主持公道的作为而拍手称快。另外，作为教育人，应借此案例中的教师的行为反观自身，为今后自觉加强职业道德修养而警钟长鸣。

案例中教师在学生参与的国家重大考试中，作为考场监考员，不仅未能尽职尽责地主持并维护所在考场的考试公平，确保考试成绩真实可信，竟然还被狭隘的个人利益驱动，"特别关照"包括亲属（侄子）在内的个别学生，完全置公平诚信准则于不顾，伙同考场其他工作人员帮助学生徇私舞弊、弄虚作假。这一行为严重违背了教师应"秉持公平诚信"的职业行为准则，逾越了该行为准则的底线。3名学生也为违纪违规付出了惨重的代价。案例中教师的违规行为不仅侵犯了所在考场其他考生的公平竞争权益，也破坏了考试公平与诚信。

其实，全力帮助学生理应是教师的基本职责，也是教师应有的职业素养。然而，考试必须以公平性为基本属性，即以统一标准测试考生的真实水平，每位监考教师决不可缺少自觉维护公平和自觉信守诚信的意识。"秉持公平诚信"是教师，尤其是监考教师在任何时候不可忘却的为师准则，否则，个别教师的失职违规行为就会使考试丧失公平性，就会使考试失去意义。

案例中的3名作弊考生的全部科目的成绩被取消，参与作弊的教师和工作人员受到了党纪、政纪处分。可见，高考制度的公平性、严肃性不得受挑战。

案例二

中学校长在职称评定中徇私舞弊被处理

经查，某县教育局某年共分配给某中学两个高级教师职称评选名额，某中学校长吴某却只向该校教师公布一个名额，而将另一名额私自报成自己的名字，并未经公开评选和公示等程序上报县教育局。4月27日，教育局召开局长办公会议研究决定，吴某的高级职称评定和推荐认定无效，取消吴某在该年中学高级教师职称的评定资格。此后，县教育局再次召开党委会议，对吴某进行了全县通报批评。

评析

案例中的吴某利用职权之便，在教师专业技术职称的评定过程中，未经公开评选和公示等常规程序，而私占有限的高级职称评选名额，将个人违规上报；结果被当地县教育局查证后取消其中学高级教师职称的评定资格，并予以全县通报批评。很显然，从结果看，县教育局的有效作为，制止了吴某不择手段实现个人目标的行为，维护了教师专业技术职称评定制度的严肃性、公正性。案例中的校长吴某无视专业技术职称评定制度及相关操作规程违规操作，这说明吴某作为一校之长缺少教育者平素应有的基本职业操守，即缺少对"秉持公平诚信"行为准则的认知。

从教育者应有的职业道德修养上论，校长作为教师群体中的一员，应遵守教师的基本职业行为准则；另外，校长还应以高于普通教师的从业标准从严要求自己，努力成为学校教师的表率，应自觉在个人职业道德、管理能力及学科专业水平等综合素质发展上，为全体学校教师的综合素质提升起示范引领作用。但是，案例中的吴某非但没能表现出高于普通教师的修养，反而为谋取个人私利，滥用职权，欺上瞒下，肆意破坏公平，全然不讲诚信，其行为显然不合乎一个普通教师的基本行为规范。虽然其行为在县教育局的及时查处下未能形成不公平的事实结果，但是其行为所造成的危害却不可小视。在一段时间内，必将导致其所在学校的教师对校长角色威信的质疑，对学校包括专业技术职称评定制度在内的各项管理制度规范的公平性以及管理过程的诚信的质疑。从长远角度看，这必将影响全体教师对"秉持公平诚信"的行为准则的自觉遵守，终将危及学校教师整体精神面貌的积极健康发展。

践行指导建议

教师要践行"公平诚信"的职业行为准则，不仅需要正确理解这一准则的内涵及重要意义，而且还需要确立正确的公平诚信的理念，有效激发自主践行的内在动力，具体应做到以下几点。

1. 确立正确的是非观、善恶观和审美观，有效提升明辨是非善恶、秉持公平的能力与胸襟

正确的是非观、善恶观和审美观，是教师为人正直、办事公道的内在理

性支撑，是教师秉持公平诚信的根本前提。教师在职业生涯中必须通过多元路径自主学习、反思，把握基本的是非、善恶、美丑标准，确立正确的是非观、善恶观和审美观，并与时俱进地不断调整完善，不断提升发现、欣赏、践行真善美的能力。这样，教师在与学生及家长相处时，内心就会多一分坚定与豁达；在面对是非纷扰时，能以清晰公正的尺度，明辨是非、善恶、美丑。教师应正确对待不断发展、变化的学生，深信每个学生都是独一无二的，都会有其过人之处，也都会有不及他人之处，在学习和生活中难免会有失误。教师不仅要用发现的眼光欣赏学生，也还要用博大的胸怀包容学生。教师应坚定信心，以专业智慧与职业情怀为保证，为每个学生主持教育公平，帮助学生挖掘发展的潜力，使每个学生扬长补短、以长促短，不断获得追求真善美的勇气和信心，不断获得全面提升，身心健康成长。

2. 强化规则意识，自觉养成为人公平、信守原则的好习惯

教师无论是在工作中还是在生活中，都应强化规则意识，养成信守原则的好习惯，不断磨砺诚实守信的良好品德，自觉遵守共同规则，不搞特殊化。教师为人处世要有明确的边界，不随波逐流、见风使舵；当所坚守的原则受到外在利益的冲撞时，能坚定内心不摇摆，执着、理性地维护公平诚信。

教师应具体做到在平时对自己从严要求，凡事预先弄清相关规则，并自觉遵守规则，而不可盲目行事，更不可我行我素。在获取个人利益方面，避免功利之心，不可为私利主动破坏共同法则；在晋升、评优方面，应讲求诚信，努力做到公平竞争。对于学生，无论是在维护重大利益方面，还是在教育教学工作的不同环节，甚至在每一个细节上，应主动与学生明示相关规则，或共同约定基本规则，并对所有学生能坚持公平一致地严守规则，即"能端平一碗水"，使每个学生不因教师的疏忽、冷漠，甚至歧视等软暴力而受到心理创伤。

3. 强化责任意识，以身示范公平诚信，积极培养学生公平诚信的品格

教师不仅要洁身自好、秉持公平诚信，而且要有意识地、有计划地培养学生的规则意识、诚信意识，促进学生的人格健康发展。教师在陪伴学生成长的整个过程中，切不可生硬地强制学生服从、简单地实施灌输教育，而应以提升自身人格魅力为前提、手段，实现以德育德，以人格育人格。

具体而言，教师在日常工作与生活中，应自持自律，言必信、行必果。另外，教师在与学生的教育教学互动过程中，应强化学生的准则意识、诚信意识，帮助学生认识公平诚信不仅是对他人的尊重，更是对自己的尊重，并引导学生坚守规则、诚实守信，督导学生时时处处言行一致、表里如一、真诚待人，逐步养成公平诚信的品格。

追问与分享

1. 追问一

教师要秉持公平诚信，要有规则意识，这是否意味着教师对于学校的各种管理规则，都只能无条件地遵守呢？

分享

教师要秉持公平诚信，要有规则意识，并不意味着教师要无条件地遵守学校的各种管理规则而不加以辩证思考。

不可否认，没有规矩不成方圆。学校应根据各项工作制度而实施规范管理，无论是学校的教学、德育管理，还是行政、人事等其他各项工作的管理，都无例外。教师应自觉遵守学校的各种科学、合理的管理制度、工作规则，这是理所当然的。

但是，众所周知，任何管理制度与工作规则都是针对工作常态而提出的共性要求，是人为制定的，不可能完美无缺，难免存在内容表述不精当或因时代进步而有了不合时宜之处。那么，教师在遵守的过程中，不仅需要具体情况具体分析，因时、因地制宜，而且需要在民主集中制的保障下，自觉承担不断完善相关制度与规则的义务，也就是说教师不能简单、盲目、机械地遵守学校的管理规则。

当然，从教师的职业素养角度来说，教师应信任一般的管理规则的合理性。对于规则体系中存在的疑惑、不完美之处，教师应在表示理解的基础上，通过特定渠道，以特定程序咨询、解惑，反馈修正意见与建议，切不可仅停留于抱怨指责层面，制造消极言论，怀疑、否定各项管理制度及规则，更不可以此作为自身不守规则的依据而我行我素。

2. 追问二

教师讲诚信是无条件的吗？如果有参与试卷编制工作的教师在考试前为帮助学生而透题，这是教师对学生应有的诚信的作为吗？

分享

教师讲公平诚信不是无条件的。

教师秉持公平诚信的基本前提是教师应有正确的是非观，有合理的是非标准为支撑。如果教师不依据正确的是非观，即使对众多学生采取一致行为，也是在更大范围内对更多学生的不公平。比如，参与试卷编制工作的教师在考试前，给自己所教授的班级透题，这样做不仅不能通过考试测试出学生的真实水平，学生即使取得了优良的虚假成绩也会对自身的后续发展留下欺骗性的记录。很显然，教师这样做是在带动学生集体破坏考试公平规则，必将影响学生日后的自觉遵守考纪的意识，最终影响学生规则意识的形成。如此之举，可谓师生共同有悖诚信的自欺欺人之举，必将有碍于师生道德自律水平的共同提升。

3. 追问三

根据"秉持公平诚信"的职业行为准则，教师在工作与生活中要做到诚实守信，就不可以有"善意的谎言"吗？

分享

教师在特殊情境中可以有"善意的谎言"，他人不可因此对有关教师简单地做出违背诚信准则的评断。

因为，教师的"善意的谎言"往往用于有可能向积极方向改变的学生身上，即在学生极度消极或真相可能使学生难以接受时，教师先使学生的情绪得以平复，一段时间后，教师再以恰当的方式帮助学生弄清事实真相，并使学生真切感受到说"善意的谎言"的动机不是徇私情，而是安慰、激励，是为了促进相关的人与事向积极的方向发展。这样，学生不仅会从中提升应对同类事件真相的心理承受力及自主解决问题的能力，而且能加深对教师的理解，提高对一般的人与事的理解力。大量教育实践经验表明，在师生相处过程中，"善意的谎言"往往反映出教师对教育艺术的掌握与运用水平，也是教师美德的体现。

思考与实践

(1)理论联系实际，谈谈如何理解教育公平的内涵及意义。

(2)请举例说明教师失信于学生的危害有哪些。

(3)请结合自身教育实践体会谈谈教师应如何理解与协调秉持公平诚信与掌握运用教育艺术的关系。

相关资料链接

修炼九　坚守廉洁自律

　　凡论廉洁自律，历来人们会先将目光投向执政者，因为这表达了大众对他们恒久不变的期许：凡执政者应以公正为重，以廉洁当先。翻阅史书可见，清正廉洁是中华优秀传统文化的核心要素之一，是当代中国先进文化的重要组成部分。至今，清正廉洁仍是国家公务员的基本职业规范，用以警醒国家各级管理干部在公务活动中必须秉公执政、严于律己，自觉避免以权谋私的贪污腐败现象发生。自古以来，我国众多教师就给世人留下了为人清高、清廉的职业印象。从中华人民共和国成立后颁布的教师职业道德规范和行为准则来看，为人师表被作为核心内容。为人师表的内涵意蕴就在于：但凡为师者，其各方面修炼都应达到楷模水平，更应该廉洁自律。

　　2018年，教育部印发了《中小学教师职业行为准则》，其中，"坚守廉洁自律"这一准则主要是针对个别教师因物欲膨胀而以教谋私的现象提出的。尽管问题仅属极少数教师所有，但严重影响了教师整体的职业形象，危及教师职业尊严。因此，全体教师应以此作为基本行为准则，自觉框范职业言行，严以杜绝教育腐败现象滋生蔓延。

准则要义

1. 严于律己，清廉从教

　　这是教师要遵守的"坚守廉洁自律"这一行为准则的基本要求，主要是从教师自我修养方面提出的，有利于教师以德立身、以德立教、以德育人。

　　廉洁是指人不贪钱物、立身清白。具体来说，"廉"是清廉，就是不贪取不应得的钱财；"洁"是洁白，就是指人的行为光明磊落。"廉洁"一词，语出战国时期伟大诗人屈原的《楚辞·招魂》："朕幼清以廉洁兮，身服义尔未沫。"东汉著名学者王逸在《楚辞章句》中，对"廉洁"做了注释："不受曰廉，不污曰洁。"也就是说，不接受他人馈赠的钱财礼物，不让自己清白的人品受到玷污，就是廉洁。简言之，廉洁意指做人要有光明磊落的态度、清清白白的行为，这不仅是对教师群体的从业要求，也是对所有人的道德要求。一般而言，作为一个官员，要廉洁为官，就要做到不贪污、腐化，不奢侈浪费，不以权谋私、贪赃枉法。作为一个社会人，要廉洁自律，就要做到有道德修养，行为端正，不索取不应有的报酬和不正当的财产。

　　自律是指不受外界约束和情感支配，依靠个人自我控制、自我管理，来约束自己的一言一行。"自律"一般与"慎独"相提并论。"慎"就是小心谨慎、时刻戒备，"独"就是独处、独自行事。"慎独"，即严格控制自己的欲望，不靠别人监督，自觉控制好自己的欲望。根据瑞士心理学家皮亚杰的儿童心理发展研究，儿童的道德自律是在他律的基础上发展而来的。他律，即接受他人约束；自律，即自我约束。"律"有约束、监督之意。道德自律是指儿童自觉地依照道德规范，自我对照、自我践履、自我反省、自我提高的过程。可见，自律是个人道德修养的最高境界，是现代人类社会生活中一种不可或缺的人格力量。没有它，一切纪律都会变得形同虚设。真正的自律是指自爱、自省、自警，是一种素质、觉悟、信仰。自律会让人淡定从容，内心强大并感到幸福快乐，永远充满积极向上的力量。

　　当然，自律有具体的要求、行为准则，但自律并非以一系列规范、准则等来层层地束缚自己，而是通过自律的行动创造一种井然的秩序来为我们的学习、生活争取更大的自由空间。因此，遵守纪律和规则会给我们平时的工作、学习和生活提供秩序保障。这就像人出行都要遵守交通规则一样，只有人人自觉遵守交通规则，大家的出行安全才有根本保障。否则，没有规则与纪律的约束，任何事情都毫无秩序可言。

对于教师群体来说，"严于律己"意味着教师在为师从教的整个职业生涯中，必须时时处处对自己从严要求，并不断提升自律水平；"清廉从教"则要求教师不追求奢华的物质生活，始终坚持追求更高的精神境界。教师只有自身做到清廉从教，才能在教育教学实践中以身示范，引领学生追求丰富的精神生活，形成正确的价值取向，确立正确的价值观、审美观、人生观，避免成为唯利是图之人，进而促进全社会开展高标准的精神追求。教师应在物质条件有限时，应更多地关注精神生活；在物质条件有保障时，也不应仅满足于物质的富足，更不应炫耀。

总之，教师必须深明"不能自律，何以正人"之义。在职业实践中需要时时事事从严要求自己，自觉坚守清廉，不断提升自律水平，不利用学生及其家长谋取私利，要为履行教育使命始终凝心聚力，坚持倾情奉献。教师要践履其根本使命：用智慧点燃智慧、用人格孵化人格、用生命影响生命。

2. 不得索要、收受学生及家长财物或参加由学生及家长付费的宴请、旅游、娱乐休闲等活动，不得向学生推销图书报刊、教辅材料、社会保险或利用家长资源谋取私利

这是教师在践行"坚守廉洁自律"的行为准则时必须严守的基本底线。具体而言，教师需要从以下两方面来认识理解，并于实践中据此进行自我约束、自我调控。

一是不得直接收受学生和家长的钱物，不得参加由家长付费的宴请等活动，具体包括：以编造的名目向学生及家长主动索取财物；借为学生提供推优、排座位等理由，收受学生及家长"以表谢意"的财物；借各种家校沟通协作之名，参与学生家长付费的宴请、娱乐休闲和旅游活动。例如，在教育部2022年公开曝光的第十一批7起违反教师职业行为十项准则典型案例中，就有1起教师因收受家长钱物而受到严厉处罚的案例。《中小学教师违反职业道德行为处理办法(2018年修订)》规定，教师有"违反规定索要或收受家长、学生财物的"，视情节轻重给予相应处分。

二是不可间接获取来自学生及其家长的物质利益及其他私利。例如，在师生的教育教学关系存续期间，或以学生为消费对象，经与中间商交易，向学生推销图书报刊、教辅材料、社会保险等并非统一必购的商品，从中吃"回扣"而获私利；或以学生家长为拓展资源，为自己及家属疏通关系，"走后门"，办私事。

教师若有以上不廉洁自律的行为，必将影响学生的是非观、荣辱观，也无从以正确的导向引领学生认识和协调人际关系。具体而言，若教师有"课上一套、课下另一套"的表现，就会给学生会留下表里不一的印象，就不可能引导学生养成诚实守信的品格。教师在与学生的教育教学交往过程中，应积极主动地与学生家长沟通，整合校内外资源，形成教育合力，协同促进学生健康成长。从教师职业行为修炼的角度来说，这原本是专业教师必备的职业素养和应承担有的责任。但是，现实中却有少数教师在师生关系、家校关系的构建过程中本末倒置，有选择地走近学生，以获取学生及其家长的回馈为目的。这样的行为，从表面上看是"为学生"，实则是"为自己"，也会对学生产生不良影响。

案例评析

案例一

学生带着礼物看望老师却被拒之门外

小明是一名刚高考完的学生。在整个高中时期，他的学习状态很不稳定。小明在上小学和初中的时候就比较顽皮，为此父母被多次叫到学校，但是他就是屡教不改。

小明上了高中后，随着年龄的增长，心理比初中时稍显成熟些，但是学业表现依然不理想。小明的父母也试图通过各种方法帮助他，但迟迟不见效。

后来上了高二，小明遇到了他现在的班主任。这位班主任的从教时间较长，有丰富的教育教学经验。班主任最初看到小明时，就从眼神和言语中表达出了小明是可塑之才这样的意思。在接下来的高中生活中，这位班主任给予了小明很大的帮助。

最终，小明果然不负众望，考上了大学，小明的爸妈也由衷地为他感到高兴。于是小明和同学约好带着礼物去看望老师，不料却被老师拒之门外。小明对此很纳闷：莫不是自己没考好，让老师失望了？小明的心里面很不安，于是就带着郁闷的心情回家了。

次日，小明收到了老师让家人发来的短信："小明你好，我是老师的家人，你的老师在你高考的时候就病倒了，如今在家里面静养。老师说你能取得这么好的成绩他很开心。祝你在大学里学业有成！"小明看到这条短信后就愣住了，他满眼都是泪水。他深深地感到：老师就是辛勤的园丁，付出很多，但不求回报。

评析

每年高考后，都会有考入理想大学的学生因对教师心存感激想携礼物去看望教师以示谢意，这似乎也是人之常情。但是，小明带礼物前去看望恩师时，却被拒之门外。起初，小明对此疑惑不解，在收到教师家人的短信后才恍然大悟。他不仅弄清了老师拒不见面的原因，而且被老师付出而不求回报的行为深深打动。

教师的眼神、手势、表情、语言等，不仅能传递对学生的关注，而且能传递对学生的信任与希望，更能展示教师的人格魅力。教师的一切付出都应以促进学生发展、帮助学生实现梦想为中心且不计回报。

面对学生的答谢礼物，这位教师始终能从严自律，在心领其意、拒收礼物的同时，还表达了对学生未来的真诚期许与美好祝福。其实，案例中的教师的做法也是众多教师的选择。相较于近年来个别收受礼品，甚至主动向学生索要财物的行为，其默默坚守廉洁自律的表现深深触动了学生。

近年来，社会对教师收礼之事颇有微词。可以说，少数人的作为影响了中国教师安于清廉的形象，模糊了多数教师为学生及世人留下的美好印象。在加强师德建设的新时代，每位教师都应廉洁自持。

案例二

"照顾生意"

安徽省某学校数学教师熊某在学校附近开了一家商店后，就在班里进行宣传，要学生去"照顾生意"，称如果不到他家买东西的话，他的心思就全在商店经营上面，没心思教学。而学生家长则担心教师兼职很可能会影响正常教学。经举报，学校让熊某退回了学生已购买商品的钱款，并对熊某进行了通报批评。

评析

本案例中的教师不仅利用地理位置优势开设面向学生的商店，把学生当作潜在消费者，而且利用工作之便，告诉学生只有在购买自家商品的前提下，才会有心思教学。教书育人、传道解惑原本是教师应尽的义务，也是教师的本职工作，熊某却将此与自家商店的商品销售捆绑在一起，以此威逼学生到店"照顾生意"，从中获取更多的经济利益。无疑，这是一种以教谋私的做法，自然令学生反感，令学生家长担忧。令人欣慰的是，在学生家长的及时举报下，校方予以了妥善处理。

这个案例中的教师的作为值得广大教师深思。教师为图个人私利，扭曲了责任意识，曲解了师生关系的教育价值，亵渎了教师集体的威信和职业尊严，传递的错误观念无疑会对学生产生不良影响。教育权不是特权，师生和谐的关系不能被交易充填，廉洁不能仅在口头说说。

当然，我们依然应该相信，多数教师会洁身自好，不会被区区利益蒙蔽双眼。教师只有从严自律、以德立身，学生才能从心底希望成为他们那样的人。

践行指导建议

教师要自觉践行"坚守廉洁自律"的行为准则，不仅要准确理解这一准则的主要含义，确立正确的为师从教的理念，还要把握好有效践行这一准则的基本策略，进而在教书育人的职业实践中自觉从我做起，做到知行统一。具体可从以下几方面努力。

1. 正确认识坚守廉洁自律的重要意义，不断提升抵御诱惑的能力

这是教师坚守廉洁自律这一行为准则的前提。教师只有在思想上重视廉洁自律，才可能行动上落实。因此，教师必须学习理论、总结实践经验、反思存在的问题，充分认识教师坚守廉洁自律的重要意义。这有利于教师个人及家庭稳定有序地发展，使教师安于清廉，不为贪图私利而丧失工作原则、模糊人格底线，以致影响家庭生活的和谐程度；有利于引领学生避免一味追求奢华的生活，纠正同学之间的物质攀比心理，集中精力投身于课程学习和各种班级与校园的活动中，并形成你追我赶、团结协作的班风、校风，从中养成正确的价值观，获得健康人格的发展，最终师生共同努力促进良好社会风气的发展。教师只有尽职尽责，才会收到事半功倍的教育效果。

教师需要认识坚守廉洁自律的重要性，还需要深刻认识以教谋私对社会、学生发展的危害。在履职尽责过程中，教师一定要保持头脑清醒，并心存敬畏，做到不为小利所动，自觉接受各方监督，不索取不当的物质利益；同时，始终明确不论是为师、做官还是做人，一定要严守党纪国法的红线，不越雷池半步，努力做到"吾日三省吾身"，杜绝教育腐败，不断提升抵御诱惑的能力，不因贪图私利而丧失自我。

2. 努力培养多方面的兴趣爱好，积极参与多样化的校园师生活动

教师要努力培养多方面的兴趣爱好，就必须先加强学习，补好精神上的"钙"。不仅要学习学科专业理论知识，而且要学习教育理论知识和其他文化知识，通过不断学习，养成勤于读书、关心政治、善于沟通合作、积极参与各种文体活动的好习惯。

另外，在多方面拓展学习的基础上，教师要积极投身于学校综合实践活动课的研发与实施中，在引领学生在扎实掌握各学科知识的同时，充分挖掘潜力，融会贯通，学以致用，获得全面发展。此外，教师也能从中获得成就感、幸福感，也能获得进一步学习探索的动力。

教师发展多方面的兴趣爱好，积极参与多种活动，不仅能有充沛的精力

完成好日常教育教学工作使学生受益，而且能不断提升自我价值追求。教师群体共同努力，必将带动全校营造充满朝气与活力、积极向上的校园文化氛围；学生受教师影响，可逐步形成正确的价值观，可全身心投入于学习，尽情享受健康成长的快乐。

3. 坚持追求精神生活的高品质，不断提升精神境界

根据心理学家马斯洛的需要层次理论，人都有由低到高的多次层需要。不可否认，教师也会有生理需要、物质需要，以及得到社会认可、实现自我的需要。从教师职业角色定位来看，在校园里，每位教师都扮演着多重角色，包括知识的传授者、学生心理发展的指导者、学生集体组织的管理者等。不同的角色有不同的内涵，教师需要担当不同的职责。要成为专业教师，教师必须先有清晰的自我意识、不断提升自我的调控能力。教师不可停留在物质需要的满足上，更不可放大物质需要而贪得无厌，应通过有效的自我督导、自我激励，在物质生活上保持平常之心、平淡之欲、平实之风，凡事顺其自然，做到知足常乐；在精神生活上志存高远，实现自我价值。古人言："经师易求，人师难得。""经师"这一角色需要教师履行其传道、授业的基本职责；"人师"这一角色则需要教师为学生解惑，令学生成人，努力担当塑造人类灵魂的重任。

为此，教师在职业生涯中，需要自主强化终身学习意识，时时事事从严自律，力求以"学为人师、行为世范"为目标，以身立教。在认真做好"经师"的基础上，追求精神生活的高品质，不断提升精神境界，提升职业价值追求目标，只有这样才能担当起专业教师应负有的职责，始终不迷失职业的正确方向，努力实现堪称"人师"的职业理想。

追问与分享

1. 追问一

根据"坚守廉洁自律"这项行为准则，教师要清廉从教，那么，是否就意味着教师一定要坚守清贫呢？

分享

教师要坚守廉洁自律，就必须清廉从教，但是，并不意味着教师一定要坚守清贫。

从对基本概念的内涵理解上说，清廉，即清正廉洁，是相对于贪污腐败而言的；清贫，即穷苦贫困，是相对于宽裕富足而言的。从教师的职业行为准则来看，坚守廉洁自律的底线在于不直接或间接收受学生及家长的财物，或借学生及家长的资源谋取其他私利。因此，教师在不逾越底线的自我约束、自我调控过程中，可以根据"按劳取酬"的原则，在职责范围内通过多劳多得不断改善物质生活的条件。与此同时，随着社会经济的发展与国家对教育投入的增加，国家与社会也在不断地为整个教师队伍优化福利待遇。当然，教师始终不可忘却"一切为了孩子"的初心，牢记"给学生精神关怀、生命关怀"的使命，整个职业生涯都必须立足于追求精神生活的不断丰富与高品质化，在任何时间都不可见利忘义，一味追求奢华的物质生活，丧失教师的人格风范。

2. 追问二

教师要坚守廉洁自律，就意味着不可接受学生及家长赠送的任何礼物吗？

分享

教师并非不可接受来自学生及家长的任何礼物，关键在于礼物的内涵、意义及形式。

毋庸置疑，教师在工作中的专业智慧与情怀以及辛勤付出，必将赢得学生及家长的敬重与感激，有学生出于对教师感恩而真情回馈、物化表达，自然在情在理。但是，学生表达敬意、谢意和祝福的方式有多种，绝非仅有简单物化、直接用金钱呈现的方式。教师应有责任和义务引领、指导学生选择恰当的方式，这样做不仅便于学生表情达意，而且有助于发展师生关系，留下美好温馨的回忆。所谓恰当的方式，是学生尽己所能制作礼物，如制作手工制品，创作书法、绘画、摄影等作品，写诗歌、散文，创编音乐，设计贺卡等。

思考与实践

（1）有人说教师节就是"教师的收礼节"，你如何理解？你认为教师应如何引导学生过一个有意义的教师节？

（2）你认为教师在不违背廉洁自律行为准则的前提下，可以接受学生何种方式的感恩答谢？请举例说明。

相关资料链接

修炼十　规范从教行为

──────────── **职业行为准则** ────────────

十、规范从教行为。勤勉敬业，乐于奉献，自觉抵制不良风气；不得组织、参与有偿补课，或为校外培训机构和他人介绍生源、提供相关信息。

　　常言道：国有国法，行有行规。任何国度都有其基本的法律法规，任何行业都有其基本的从业规范，即职业规范。职业规范不仅是各行业实施有序管理、有效调控的基本依据，而且是职业人提升专业素养的目标导向，教师的职业规范也不例外。每位教师为履行其教书育人的天职，必须依循基本的职业规范进行教育教学活动，且职业行为应有边界、有底线，即有所为有所不为。教师在职业实践中要依循基本准则，这是每位教师应尽的义务，也是职业生涯中必须修炼的职业操守。教师若跨越边界、触及底线，就必须接受相应的惩戒，甚至承担法律责任。简言之，教师必须自觉规范从教行为。

　　那么，教师不仅要认识"规范从教行为"这一职业行为准则的重要意义，理解其内涵，而且要在实践中掌握基本的践行要求，自觉框范职业行为，实现教师的职业价值。

准则要义

1. 勤勉敬业，乐于奉献，自觉抵制不良风气

这是教师要遵守的"规范从教行为"行为准则的基本要求。从其具体内容上看，是有别于其他行业规范的，是针对教师职业特点而提出的要求；从其实质上看，是各行业共有的职业规范。各行业都有对从业者的职业行为的基本要求，用以协调从业中的基本伦理关系，教师行业也不例外。

首先，"勤勉敬业"可以说是全社会各行各业共通的职业规范，是社会主义核心价值观在个人层面的主要内容之一，是全社会职业人都应有的基本职业操守。总体而言，各行业都需要从业者"干一行、爱一行"，能正确看待所从事的职业、所在岗位的日常工作，能全身心投入工作，工作认真负责、兢兢业业、勤勤恳恳、自勉自励，不断提升工作质量和工作业绩。

当然，由于各行业的社会定位不同，从业者的所"敬"之"业"也被赋予了特定内涵，各行业也就有了各具特色的具体的敬业要求。对于教师而言，基于"履行教育教学职责的专业人员"的职业定位，其基本职责就在于教书育人，故而教师的基本职业操守就在于对教育教学工作保持积极的态度，尽职尽责，不断取得成绩。在整个职业生涯中，教师应全情投入，认真执教，以高质量的教育教学活动引领学生扎实掌握基本知识，促进学生全面提升学习能力、自觉养成良好品德。教师若辛勤耕耘、严谨治学，就会不断提升专业水平，获得从业的自尊、自信与自豪，进而实现职业价值、获得幸福感。

其次，"乐于奉献"是指教师应有奉献精神，在工作中从不斤斤计较个人私利，这是由教师劳动的特点决定的，因为教师的劳动具有时空不定性，且教师的劳动以脑力劳动为主，难以精准量化。所以教师必须有奉献精神，不可以物质利益为重，而应有更高的精神追求，以促进学生成长、成才为乐，以能为社会培养所需要的人才为荣。当然，这并非意味着教师应一味奉献而不计任何回报。因此，学校应让教师群体共享基本的福利待遇，为每位教师提供应有的物质利益保障和有效的精神激励，在此基础上努力探索公平的多劳多得机制。

最后，"自觉抵制不良风气"意指教师在从业中应有正义感，是非分明，不为谋私利而有悖于职业操守，并能有勇气、有智谋地积极与不良风气斗争。

这样不仅有助于学生形成正确的是非观，养成积极向上、坚忍执着的品格，而且有利于良好学风、教风、校风的形成，进而促进整个社会风气的良性发展。教师群体中若出现少数或个别玩世不恭、不求上进、工作敷衍塞责、为人处世是非不明、凡遇事胆怯退缩者，那么必将导致学生"下效"，即对学生直接产生深刻的负面影响，学生难以形成积极向上、是非分明、勇于担当、不畏艰险的品格。因此，教师在职业实践中必须勇于担当，主持正义，当自身物质利益与职业尊严产生冲突时，能自觉维护职业尊严；当教师职业尊严遭受他人的威胁、亵渎、损毁、践踏时，能勇于批评指正，并积极采取必要可行的抵制行为，而不可表现出漠视姑息、迁就回避的态度。

2. 不得组织、参与有偿补课，或为校外培训机构和他人介绍生源、提供相关信息

这是教师规范从教行为时必须严守的基本底线。

"不得组织、参与有偿补课"，主要是指教师不得利用课余时间，以谋取个人经济利益为目的，为学生有偿答疑解惑，或为拓展教学计划而有偿授课。近年来，教育部曝光了个别教师逾越该底线的行为，概括起来，包含两种情形：一是教师自行组织自己任课班级的学生进行一对一或小班有偿教学；二是在他人组织下，应邀参与对他校学生的有偿辅导与授课。其实，教师理应明确，无论是自行组织，还是应邀参与有偿补课，都会导致学校教学管理秩序混乱，影响教学计划优质、高效地完成，都是有悖于教师职业道德的。这是因为，教师自行组织有偿补课，往往会利用在校内聚合的生源、师资、信息等各种资源而进行；而教师个人应邀参与有偿补课，一定会以在学校积累的教育教学经验为专业资本。换言之，有偿补课中有国家及学校教育成本的投入，而产出的经济利益却全为相关教师个人所有，这显然违背了按劳取酬的基本原则。与此同时，教师因为有偿补课可以获取大于劳动付出的经济回报，可能会将主要精力投入其中，而对所承担的学校的本职工作则表现出较强的功利心，难以尽心尽力为学生健康成长提供优质服务。这样不仅有负于学生对教师的信赖，而且有负于国家和社会对教师的期望。从完整的教学工作环节看，课后辅导是教学工作中必不可少的一个环节，自然是教师应尽的职责与义务，教师必须为学生提供无偿的专业支持，即免费为学生答疑解惑。

其次，教师本人即使不组织、不参与有偿补课，也不可为校外培训机构介绍生源、提供相关信息。因为如此做法往往以帮助学生为名，实则以从学生及家长处获利为目的，并利用了学生对教师的信任，不仅是欺骗学生的行为，而且不利于学生是非观、善恶观的形成，也会导致学生对师生关系产生错误认识。

为全面贯彻党中央、国务院对师德师风建设的部署要求和中央领导同志的重要指示精神，深化落实《新时代中小学教师职业行为十项准则》《严禁中小学校和在职中小学教师有偿补课的规定》《严禁教师违规收受学生及家长礼品礼金等行为的规定》等相关规定，进一步规范中小学教师职业行为，促进中小学生健康全面发展，教育部自2021年7月至2022年3月，面向全国中小学校和教师开展了有偿补课和违规收受礼品礼金问题专项整治工作。这无疑给全体教师敲响了警钟：应时刻规范自身的行为。

有偿补课包括教师组织、推荐和诱导学生参加校内外的有偿补课；教师参加校外培训机构或由其他教师、家长、家长委员会等组织的有偿补课；教师利用职务之便为校外培训机构和他人介绍生源、提供相关信息；以为学生托管、提供食宿为由从中获利；按照其他相关规定应当认定的有偿补课行为。对从事有偿补课行为当事教师的处理：评先评优一票否决，既获荣誉一律撤销，领导干部一律撤职。除了对当事教师的处理，还要对单位主要负责人问责追责，对涉事单位年度目标考核一票否决。

案例评析

案例一

小学教师摆渡32年：小船悠悠撑起孩子们的读书梦

江西省上犹县东山镇清湖小学教师邹国梁，多年来坚持为学生摆渡，用小船撑起了孩子们的读书梦。

邹国梁几十年如一日，风雨无阻，从未间断。在他的精心呵护下，一批又一批的学生完成阶段学业后离开小山村，到外面学习、工作和生活。

——徐光明：《小船悠悠撑起孩子们的读书梦——记江西省上犹县东山镇清湖小学教师邹国梁》，载《中国教育报》，2012-04-27

评析

案例中的邹国梁老师，无疑是众多勤勉敬业、乐于奉献的教师中一员。他是平凡而又伟大的。

说邹老师平凡就在于，他作为一名普通的乡村小学教师，为学生学习成长服务，保护学生安全，可以说是尽到了教师的基本职责与义务。邹老师的伟大之处在于，为了几个学生，他坚持摆渡32年，这是对教育的忠诚与执着，是对师爱力量的提炼与升华。面对艰苦的办学条件，邹老师没有抱怨、没有退缩，更没有借机索取或实施有偿服务，而是以一种奉献精神，把自己的全部心血放在为学生圆读书梦上，从而实现教师的职业价值。他以坚定的教育理想信念，获得了尊严与荣誉。

案例二

抵制有偿补课 更要无偿解惑

从2017年10月17日开始，20多名宾虹小学一年级新生在托马斯学习馆开始了一个半月的免费培训。这是该校继全体教师公开承诺抵制有偿补课后，为有需求学生进行无偿辅导的一次新尝试。

师者，传道授业解惑者也。但时下个别教师却有惑不解，不顾教育部门三令五申，将应在课堂上教授的内容有所保留，要求或者变相要求学生课后参加其组织的补习班"有偿解惑"，大大违背了师德。

不久前，宾虹小学全体教师郑重地在《抵制有偿补课承诺书》上签上了自己的姓名，承诺不组织、推荐和诱导学生参加校内外有偿补课；不参加校外培训机构或由其他教师、家长、家长委员会等组织的有偿补课；不为校外培训机构和他人介绍生源、提供相关信息等。

同时，宾虹小学要求老师提升教学研究与实践能力，提高课堂教学效率，认真上好每一堂课；关心每一位学生健康成长，在完成教学任务的同时，无偿为学生释疑解惑，尽心尽力帮助学习有困难的学生，让每个学生都得到健康成长、和谐发展。

——吴璇：《抵制有偿补课 更要无偿解惑》，载《金华日报》，2017-10-17

评析

本案例陈述了宾虹小学为抵制有偿补课现象而采取的具体措施：教师在《抵制有偿补课承诺书》上郑重签名，积极参与满足学生学习需求的免费培训和无偿解惑。虽然这只是一所学校进行的尝试，但是学校所采取的兼具内容与形式的举措，表明了对有偿补课的明确的抵制态度。

近些年来，有人对有偿补课进行庸俗化解读，认为假期里办有偿教辅班属于"市场行为"，家长、学生、教师三方各取所需，教师"按劳取酬"无可厚非。然而，我们必须明确的是，中小学教师不是自主经营、自负盈亏的个体户，没有任何利用自己工作中所聚合的教育资源为个人捞取"外快"的权利。个别在职教师受一己贪欲驱使，故意把本应在课堂上完成的教学任务予以"保留"，以此为"卖点"在课后组织有偿补课，严重玷污了教师职业，损害了教育公平，这属于《教师法》明令禁止的"故意不完成教育教学任务给教育教学事业造成损失"的行为。

因此，开展教师有偿补课专项治理，是促进教育公平、实施素质教育的客观需要，是新时代加强师德建设的必然要求。作为学校，一方面要严格要求教师抵制有偿补课，主动为学习有困难的学生答疑解惑；另一方面也要为那些有各种学习发展需求的学生探索无偿辅导的多元途径。宾虹小学在此方面的探索，是积极而有益的，值得更多中小学校学习与推广。

案例三

教育部 2022 年公开曝光的教师有偿补课的典型案例

2021 年 7 月，浙江省教师李某、杨某某、邵某某参与校外违规有偿补课。该 3 名教师的行为违反了《新时代中小学教师职业行为十项准则》第十项规定。根据《事业单位工作人员处分暂行规定》《中小学教师违反职业道德行为处理办法（2018 年修订）》等，给予李某通报批评、年度考核不合格、调离原工作岗位、取消评奖评优、职务晋升、职称评定等资格处理，责令李某所在学校主要负责人做出书面检查；给予杨某某、邵某某警告处分和通报批评、年度考核不合格、调离原工作岗位、取消评奖评优、职务晋升、职称评定等资格处理，责令杨某某、邵某某所在学校主要负责人做出书面检查，对学校负责人进行批评教育，降低学校发展性考核档次。

评析

　　从上述教育部曝光的典型案例可见，虽然内容仅涉及师德失范问题与处理结果的报道，未曾详细描述事件发生发展过程、具体人事互动情境、相关主体的理念与感受等，却让我们看到了现实中客观存在的有偿补课的事实。相关教师明知有偿补课是有悖于职业规范的行为，却未能从严自律，自觉抵制有偿补课，依然我行我素。其实，深究其思想根源，就在于以下两点：其一，在思想上对职业规范虽有认知但未能遵守；其二，未能深刻认识其行为的危害性，没有认知到其行为对学生、对社会发展产生的负面影响。因此，教育部以公开曝光的形式表达了明确的态度与坚定的立场，无疑对全体教师认同与自觉践行师德准则起到了强化和警醒作用，同时也具体明确了违反准则应得的处罚。曝光的典型案例也让广大教师看到，师德建设是任重道远的。正面教育引领固然必要，同时从严督导惩戒依然不可缺失。只有两方面工作有机结合，才能使全体教师遵守规范、知行统一。

践行指导建议

1. 认知认同教师职业定位，能以积极的态度对待日常工作

　　这是教师"勤勉敬业"的首要条件。其中，认知认同教师职业定位为内在支撑，而积极的态度则为外在表现。

　　认知认同教师职业定位，是指教师个体通过学习理解教师职业特点及其基本职责，具有对教师职业的认同感，包括对于教师职业的目标要求、社会价值、职业理想、职业环境和岗位职责等因素的认知认同，表现为具有担当教师基本职责的主观意愿，它是在教师从教过程中逐渐形成和发展的。教师保持积极的工作态度的表现如下：对待繁杂琐碎的教师日常工作，如学科教学工作、班主任工作、教师其他工作等，能不厌其烦、任劳任怨，

讲求工作细节；整体工作从大处着眼、小处着手，从不斤斤计较；能在各项工作中以学生为本，自主研究学生，尊重学生，针对学生的群体与个体特征因材施教；在学科教学中，热爱所教学科，有浓厚的兴趣；能认真备课、上课、批改学生作业，耐心答疑解惑，科学、公正、客观地评定学生的学习情况；并能在整个教育教学过程中，积极主动地与学生沟通、交流、分享，努力达成教学相长。

> 　　当优秀教师要把自己、学生、学科编织出一幅不分彼此的织品时，他们的心灵就是织布机，就在这里纺纱捻线、转动梭子、织出布匹。毫不奇怪，教学会让教师挂心，会让教师开心，甚至会让教师伤心——教师越热爱教学，可能就越伤心。教学勇气就是教师在面对强人所难的苛求时仍能尽心尽力地坚持教学的勇气，凭着这股勇气，教师、学生、学科才可能被编织到学习和生活所需要的共同体结构之中。
> 　　——[美]帕克·帕尔默：《教学勇气：漫步教师心灵》，方彤译，44页，上海，华东师范大学出版社，2020

2. 强化责任意识，能以科学的教育理念为指导履行教师基本职责

　　这是教师"规范从教行为"的核心所在，为教师自觉遵守从教规范提供理性的支撑。

　　教师不仅要能从理论上正确认识教育的本质、教师的责任，而且要能在职业实践中自主强化责任意识，表现出对学生成长与社会发展具有高度责任感、使命感，不忘"一切为了孩子"的初心，牢记"为社会培养合格人才"的使命。这是教师实现职业价值的根本保障，也是规范从教行为的目

> 　　对于教师方面，大部分的教师是不懂得他们的艺术的，所以，他们履行他们的责任的时候，往往感到疲敝不堪，他们在劳苦的努力上面耗尽了自己的精力；否则他们就习于变换他们的方法，轮着试了这个办法又试那个办法——这是对于时间与精力的一种辛苦的浪费。
> 　　——[捷克]夸美纽斯：《大教学论》，傅任敢译，9页，北京，人民教育出版社，1957

的所在。教师应自觉关注社会发展与国家形势变化，尤其关注国家的教育政策，准确地理解、把握国家与社会发展对人才在质量与规格方面的需求，自主担当为社会培养所需人才的使命。

无论是课堂教学，还是班级教育管理，教师都应确立科学的教育理念，掌握基本的工作原则，积累教育智慧，从学生的现状入手，研究学生群体与个体差异，及时、准确地诊断学生在发展过程中的各种问题，努力挖掘学生的发展潜力。在解决各类问题时，教师应始终坚持以学生为本，以有效的实践经验为基础，找准切入点与学生家长进行有效沟通。教师应尊重不同学科、不同年级与学段的教师同事以及学生家长，基于帮学生解决问题的需要，相互沟通、积极协作，以有效的教育合力促进学生健康成长。与此同时，教师应与时俱进地不断调整工作策略，在追求不断提升专业品质方面努力。

3. 敬畏并忠于教育事业，全力开展实现教育理想目标的工作

这是教师"勤勉敬业、乐于奉献"的不竭的动力源泉。首先，教师应敬畏教育事业，认同教育事业的神圣性，敬重具体教育教学工作。教育工作无小事，教师不可敷衍塞责，必须严肃、认真地对待，并能在实践中体悟教师职业的内在尊严与外在荣光。其次，教师应忠于教育事业，有坚定的教育理想信念，始终坚信教育的力量，执着追求实现教育价值，对教育抱有满腔的热情。教师若能在工作中获得内心的满足感，并乐在其中，就能在持续的工作中保持朝气与活力，且具有积极向上并不断创新的动力。在整个职业生涯中，能为实现教育理想而投入全部的精力、智力与情怀且不计个人得失、一往无前、矢志不渝的教师是全体教师的榜样。

在具体的教学实践中，教师应专心致志，精益求精，并不断追求更高的工作目标。教师若在工作中遇到疑难问题，应不惧怕、不绕行、不推脱，力求实现学生利益的最大化。首先，教师应认真完成教育教学的日常工作任务；其次，应坚持教育艺术创新，注重利用各种路径丰富自己的精神生活，使自身专业品质优化发展；最后，应注重培养学生的创新意识与实践能力。

教师若能完成李镇西老师所言的"五个一工程"，即"上好一堂语文课，找一位学生谈心或书面交流，思考一个教育问题或社会问题，读不少于一万字

的书，写一篇教育日记"，根本就无暇谋个人私利，更会对有偿补课等违反职业道德的行为嗤之以鼻。教师应把对教育敬畏与忠诚之心，化为勇敢、智慧的浩然正气，有力抵制不良风气。

> 我喜欢走在路上，听孩子们远远地叫我"老师好"；我喜欢坐在案前，拆启一个个装满祝愿的信封；我喜欢登上讲台，看台下几十双期待和信任的目光；我喜欢拿起粉笔，助孩子们开启智慧之门、点燃理想之灯，而他们也在影响着我，丰富着我的生活和人生……
>
> ——刘广厚：《因为爱，学生有了学习动力》，载《齐鲁晚报》，2017-08-09

4. 努力取得多方认可的工作业绩，不断提升教师个人的修养境界

这是教师规范从教行为的根本初衷，也是教师进一步规范从教行为的动力源泉。在教育实践中，教师只有规范从教行为，才能对工作高度负责，集中精力开展教育教学工作，进而取得良好的工作业绩。教师群体的专业成长即规范教师的从教行为是一个良性循环的过程：教师严格自律就会得到多方认可，由此获得价值实现的成就感；而教师具有成就感后，便更加注重规范从教，全力以赴地提升工作业绩。

教师在整个职业生涯中，无论承担何种工作，包括学科教学、班级管理、学科教学管理、学生团队管理、学校行政管理等，都应做如下两方面的努力：一方面，教师应明确自身是履行教育教学职责的专业人员的角色定位，同时明确具体岗位职责，努力做到尽职尽责，不断取得工作成绩；另一方面，教师在完成各种教育教学及管理工作任务的过程中，应自觉坚持总结与反思，在点滴积累中，感悟教育的真谛，不断提升个人的修养境界，以"没有最好，只有更好"自我激励，与时俱进地完善自我。教师只有在不断提升与完善自我的过程中，积极进取，形成良性循环，才能为不断发展的社会培养出一批又一批符合社会要求、具有健康个性、能推进社会进一步发展的人才，充分实现教师的职业价值。

追问与分享

1. 追问一

　　教师要做到勤勉敬业，就要在从业过程中忠于教师职业，那么，这是否意味着教师应终生不悔地从事教育工作？

分享

　　教师忠于教师职业并非意味着教师必须终生不悔地从事教育工作。

　　教师的职业忠诚，意指教师在从业期间必须全力以赴地投身于教师工作，做到"在其位、谋其政"且"成其事"，而不可利用学校工作积累的专业资本、教育资源分身于有偿补课，获取不当的私利。

　　首先，可以肯定的是，现实中确有为数不少的教师能终生从事教育事业，并取得了多方认可的工作业绩。毋庸置疑，这是符合社会对教师应具有的职业忠诚的倡导目标要求的，他们值得称赞的好教师。对于这些教师而言，终生从教往往是在自我认识评价的基础上，形成了对教育、教师职业的认同，并综合运用理性与感性而做出的自主选择，并非教师职业的规范约束、外在控制的结果。

　　其次，不可否认的是，教师也是普通人，与其他人一样，只有在入职并历经一段时间的职业体验后，才能判断自己是否适合这个职业。如果教师发现自己不适合从教，而及时调整、另谋发展，这时，他人不可也不应仅做简单的否定性道德判断；校方更不可以此为凭，干预或拒绝教师在完成约定时间的履职后再做其他职业的选择。其实，若每个人都能找到更适合的职业及岗位，更有利于为社会做出更大的贡献，也更有利于全社会的和谐发展。

　　最后，不可回避的是，学校要从教师队伍建设和优化学校管理上角度出发，定期组织对教师专业素质的公正考评，对于个别不合格教师，尤其是存有触及师德底线问题的教师，诸如一心多用、有偿补课的教师，在批评教育无效时，校方应坚决予以辞退。学校还应完善教师退出机制，为更多有志于教育的教师提供机会。

2. 追问二

若教师对教育没有热爱之情，但也不反感、厌恶教育，而仅凭良心工作，这是不是不道德呢？

分享

不是不道德，而是道德修养水平不够高。

教师职业道德修养和一般道德修养一样，是将社会道德转化为个体品德的过程。在这一过程中，在同一时间断面，不同教师所具有的修养水平是有个体差异的，整体上可分为三种水平，即底线水平、基准水平与高标水平。凭良心工作的教师，其职业道德修养水平只是高于底线而游离于基准水平上下的，即能在遵守法律法规底线的基础上，履行教师的基本职责，当然不能对其简单地做出"不道德"的评断。但是个别教师这种缺乏对教育的热爱之情和敬畏之意的表现，往往是因为他们缺乏远大的职业理想追求，不能长久地维持较强的工作动力，工作业绩平平。这样做，不仅是对自己不负责任的表现，而且是对社会不负责任的表现。

3. 追问三

教师在尽职尽责的同时，就不能从事任何兼职工作吗？

分享

教师在尽职尽责的同时，不是不能从事任何兼职工作，而是要就从事何种类型、何种性质的兼职来具体分析。

不可否认，有少数教师，在保质保量完成本职工作的前提下，仍有旺盛的精力，也有主观意愿和客观的市场需求，可以从事个人兴趣与能力可承担的兼职工作，并以自身劳动付出获得应有的报酬，即按劳取酬。这理应是不违规、不违法的个人行为。但是，教师在从事兼职工作时，必须明确把握的基本准则是：不得以学校教育所积累的资源投入为条件，从事教育培训及相关兼职；不得以学生为潜在营销对象，从事相关商业经济类兼职。教师应确保在校内对本职工作的身心投入以及工作品质不因兼职而遭到减损。

思考与实践

(1)将"乐于奉献"作为教师职业准则内容有何重要意义？请结合实际，谈谈应如何践行。

(2)请结合自身实际谈谈教师有偿补课的危害。

相关资料链接

附件 1

教育部关于印发《新时代高校教师职业行为十项准则》《新时代中小学教师职业行为十项准则》《新时代幼儿园教师职业行为十项准则》的通知

教师〔2018〕16 号

各省、自治区、直辖市教育厅(教委),新疆生产建设兵团教育局,有关部门(单位)教育司(局),部属各高等学校、部省合建各高等学校:

为深入贯彻习近平新时代中国特色社会主义思想和党的十九大精神,深入贯彻落实全国教育大会精神,扎实推进《中共中央 国务院关于全面深化新时代教师队伍建设改革的意见》的实施,进一步加强师德师风建设,我部研究制定了《新时代高校教师职业行为十项准则》《新时代中小学教师职业行为十项准则》《新时代幼儿园教师职业行为十项准则》(以下统称准则)。现印发给你们,请结合实际,认真贯彻执行。

一、准则是教师职业行为的基本规范。师德师风是评价教师队伍素质的第一标准。长期以来,广大教师牢记使命、不忘初心,爱岗敬业、教书育人,改革创新、服务社会,作出了重大贡献,党和国家高度肯定,学生、家长和社会普遍尊重。但是,也有个别教师放松自我要求,不能认真履职尽责,甚至出现严重违反师德行为,损害教师队伍整体形象。制定教师职业行为准则,明确新时代教师职业规范,针对主要问题、突出问题划定基本底线,是对广大教师的警示提醒和严管厚爱，是深化师德师风建设，造就政治素质过硬、业务能力精湛、育人水平高超的高素质教师队伍的关键之举。

二、立即部署扎实开展准则的学习贯彻。各地各校要立即行动，结合落实师德师风建设长效机制，开展准则的学习贯彻。要结合本地区、本学校实际进行细化，制定具体化的教师职业行为负面清单及失范行为处理办法，提高针对性、操作性。要做好宣传解读，坚持全覆盖、无死角，采取多种形式帮助广大教师全面理解和准确把握，做到人人应知应做、必知必做，真正把教书育人和自我修养结合起来，时刻自重、自省、自警、自励，自觉做以德立身、以德立学、以德施教、以德育德的楷模，维护教师职业形象，提振师道尊严。

三、把准则要求落实到教师管理具体工作中。要把好教师入口关，在教师招聘、引进时组织开展准则的宣讲，确保每位新入职教师知准则、守底线。要将准则要求体现在教师聘用、聘任合同中，明确有关责任。要强化考核，在教师年度考核、职称评聘、推优评先、表彰奖励等工作中必须进行师德考核，实行师德失范"一票否决"。改进师德考核方式方法，避免形式化、随意化。完善师德考核指标体系，提高科学性、实效性。

四、以有力措施坚决查处师德违规行为。各地各校要按照准则及相应的处理指导意见、处理办法要求，严格举报受理和违规查处。对于发生准则中禁止行为的，要态度坚决，一查到底，依法依规严肃惩处，绝不姑息。对于有虐待、猥亵、性骚扰等严重侵害学生行为的，一经查实，要撤销其所获荣誉、称号，追回相关奖金，依法依规撤销教师资格、解除教师职务、清除出教师队伍，同时还要录入全国教师管理信息系统，任何学校不得再聘任其从事教学、科研及管理等工作。涉嫌违法犯罪的要及时移送司法机关依法处理。要严格落实学校主体责任，建立师德建设责任追究机制，对师德违规行为监管不力、拒不处分、拖延处分或推诿隐瞒等失职失责问题，造成不良影响或严重后果的，要按照干部管理权限严肃追究责任。

各地贯彻落实准则的情况，请及时报告教育部。教育部将适时对落实情况进行督查。

教育部

2018 年 11 月 8 日

新时代中小学教师职业行为
十项准则

一、坚定政治方向

坚持以习近平新时代中国特色社会主义思想为指导，拥护中国共产党的领导，贯彻党的教育方针；不得在教育教学活动中及其他场合有损害党中央权威、违背党的路线方针政策的言行。

二、自觉爱国守法

忠于祖国，忠于人民，恪守宪法原则，遵守法律法规，依法履行教师职责；不得损害国家利益、社会公共利益，或违背社会公序良俗。

三、传播优秀文化

带头践行社会主义核心价值观，弘扬真善美，传递正能量；不得通过课堂、论坛、讲座、信息网络及其他渠道发表、转发错误观点，或编造散布虚假信息、不良信息。

四、潜心教书育人

落实立德树人根本任务，遵循教育规律和学生成长规律，因材施教，教学相长；不得违反教学纪律，敷衍教学，或擅自从事影响教育教学本职工作的兼职兼薪行为。

五、关心爱护学生

严慈相济，诲人不倦，真心关爱学生，严格要求学生，做学生良师益友；不得歧视、侮辱学生，严禁虐待、伤害学生。

六、加强安全防范

增强安全意识，加强安全教育，保护学生安全，防范事故风险；不得在教育教学活动中遇突发事件、面临危险时，不顾学生安危，擅离职守，自行逃离。

七、坚持言行雅正

为人师表，以身作则，举止文明，作风正派，自重自爱；不得与学生发生任何不正当关系，严禁任何形式的猥亵、性骚扰行为。

八、秉持公平诚信

坚持原则，处事公道，光明磊落，为人正直；不得在招生、考试、推优、保送及绩效考核、岗位聘用、职称评聘、评优评奖等工作中徇私舞弊、弄虚作假。

九、坚守廉洁自律

严于律己，清廉从教；不得索要、收受学生及家长财物或参加由学生及家长付费的宴请、旅游、娱乐休闲等活动，不得向学生推销图书报刊、教辅材料、社会保险或利用家长资源谋取私利。

十、规范从教行为

勤勉敬业，乐于奉献，自觉抵制不良风气；不得组织、参与有偿补课，或为校外培训机构和他人介绍生源、提供相关信息。

资料来源：《教育部关于印发〈新时代高校教师职业行为十项准则〉〈新时代中小学教师职业行为十项准则〉〈新时代幼儿园教师职业行为十项准则〉的通知》，载《中华人民共和国教育部公报》，2018(11)。

附件 2

中共中央 国务院
关于全面深化新时代教师队伍建设改革的意见

百年大计，教育为本；教育大计，教师为本。为深入贯彻落实党的十九大精神，造就党和人民满意的高素质专业化创新型教师队伍，落实立德树人根本任务，培养德智体美全面发展的社会主义建设者和接班人，全面提升国民素质和人力资源质量，加快教育现代化，建设教育强国，办好人民满意的教育，为决胜全面建成小康社会、夺取新时代中国特色社会主义伟大胜利、实现中华民族伟大复兴的中国梦奠定坚实基础，现就全面深化新时代教师队伍建设改革提出如下意见。

一、坚持兴国必先强师，深刻认识教师队伍建设的重要意义和总体要求

1. 战略意义。教师承担着传播知识、传播思想、传播真理的历史使命，肩负着塑造灵魂、塑造生命、塑造人的时代重任，是教育发展的第一资源，是国家富强、民族振兴、人民幸福的重要基石。党和国家历来高度重视教师工作。党的十八大以来，以习近平同志为核心的党中央将教师队伍建设摆在突出位置，作出一系列重大决策部署，各地区各部门和各级各类学校采取有力措施认真贯彻落实，教师队伍建设取得显著成就。广大教师牢记使命、不忘初衷、爱岗敬业、教书育人，改革创新、服务社会，作出了重要贡献。

当今世界正处在大发展大变革大调整之中，新一轮科技和工业革命正在孕育，新的增长动能不断积聚。中国特色社会主义进入了新时代，开启了全面建设社会主义现代化国家的新征程。我国社会主要矛盾已经转化为人民日益增长的美好生活需要和不平衡不充分的发展之间的矛盾，人民对公平而有质量的教育的向往更加迫切。面对新方位、新征程、新使命，教师队伍建设还不能完全适应。有的地方对教育和教师工作重视不够，在教育事业发展中重硬件轻软件、重外延轻内涵的现象还比较突出，对教师队伍建设的支持力度亟须加大；师范教育体系有所削弱，对师范院校支持不够；有的教师素质能力难以适应新时代人才培养需要，思想政治素质和师德水平需要提升，专业化水平需要提高；教师特别是中小学教师职业吸引力不足，地位待遇有待提高；教师城乡结构、学科结构分布不尽合理，准入、招聘、交流、退出等机制还不够完善，管理体制机制亟须理顺。时代越是向前，知识和人才的重要性就愈发突出，教育和教师的地位和作用就愈发凸显。各级党委和政府要从战略和全局高度充分认识教师工作的极端重要性，把全面加强教师队伍建设作为一项重大政治任务和根本性民生工程切实抓紧抓好。

2. 指导思想。全面贯彻落实党的十九大精神，以习近平新时代中国特色社会主义思想为指导，紧紧围绕统筹推进"五位一体"总体布局和协调推进"四个全面"战略布局，坚持和加强党的全面领导，坚持以人民为中心的发展思想，坚持全面深化改革，牢固树立新发展理念，全面贯彻党的教育方针，坚持社会主义办学方向，落实立德树人根本任务，遵循教育规律和教师成长发展规律，加强师德师风建设，培养高素质教师队伍，倡导全社会尊师重教，形成优秀人才争相从教、教师人人尽展其才、好教师不断涌现的良好局面。

3. 基本原则

——确保方向。坚持党管干部、党管人才，坚持依法治教、依法执教，坚持严格管理监督与激励关怀相结合，充分发挥党委（党组）的领导和把关作用，确保党牢牢掌握教师队伍建设的领导权，保证教师队伍建设正确的政治方向。

——强化保障。坚持教育优先发展战略，把教师工作置于教育事业发展的重点支持战略领域，优先谋划教师工作，优先保障教师工作投入，优先满足教师队伍建设需要。

——突出师德。把提高教师思想政治素质和职业道德水平摆在首要位置，把社会主义核心价值观贯穿教书育人全过程，突出全员全方位全过程师德养成，推动教师成为先进思想文化的传播者、党执政的坚定支持者、学生健康成长的指导者。

——深化改革。抓住关键环节，优化顶层设计，推动实践探索，破解发展瓶颈，把管理体制改革与机制创新作为突破口，把提高教师地位待遇作为真招实招，增强教师职业吸引力。

——分类施策。立足我国国情，借鉴国际经验，根据各级各类教师的不同特点和发展实际，考虑区域、城乡、校际差异，采取有针对性的政策举措，定向发力，重视专业发展，培养一批教师；加大资源供给，补充一批教师；创新体制机制，激活一批教师；优化队伍结构，调配一批教师。

4.目标任务。经过5年左右努力，教师培养培训体系基本健全，职业发展通道比较畅通，事权人权财权相统一的教师管理体制普遍建立，待遇提升保障机制更加完善，教师职业吸引力明显增强。教师队伍规模、结构、素质能力基本满足各级各类教育发展需要。

到2035年，教师综合素质、专业化水平和创新能力大幅提升，培养造就数以百万计的骨干教师、数以十万计的卓越教师、数以万计的教育家型教师。教师管理体制机制科学高效，实现教师队伍治理体系和治理能力现代化。教师主动适应信息化、人工智能等新技术变革，积极有效开展教育教学。尊师重教蔚然成风，广大教师在岗位上有幸福感、事业上有成就感、社会上有荣誉感，教师成为让人羡慕的职业。

二、着力提升思想政治素质，全面加强师德师风建设

5.加强教师党支部和党员队伍建设。将全面从严治党要求落实到每个教师党支部和教师党员，把党的政治建设摆在首位，用习近平新时代中国特色社会主义思想武装头脑，充分发挥教师党支部教育管理监督党员和宣传引导凝聚师生的战斗堡垒作用，充分发挥党员教师的先锋模范作用。选优配强教师党支部书记，注重选拔党性强、业务精、有威信、肯奉献的优秀党员教师担任教师党支部书记，实施教师党支部书记"双带头人"培育工程，定期开展教师党支部书记轮训。坚持党的组织生活各项制度，创新方式方法，增强党

的组织生活活力。健全主题党日活动制度，加强党员教师日常管理监督。推进"两学一做"学习教育常态化制度化，开展"不忘初心、牢记使命"主题教育，引导党员教师增强政治意识、大局意识、核心意识、看齐意识，自觉爱党护党为党，敬业修德，奉献社会，争做"四有"好教师的示范标杆。重视做好在优秀青年教师、海外留学归国教师中发展党员工作。健全把骨干教师培养成党员，把党员教师培养成教学、科研、管理骨干的"双培养"机制。

配齐建强高等学校思想政治工作队伍和党务工作队伍，完善选拔、培养、激励机制，形成一支专职为主、专兼结合、数量充足、素质优良的工作力量。把从事学生思想政治教育计入高等学校思想政治工作兼职教师的工作量，作为职称评审的重要依据，进一步增强开展思想政治工作的积极性和主动性。

6. 提高思想政治素质。加强理想信念教育，深入学习领会习近平新时代中国特色社会主义思想，引导教师树立正确的历史观、民族观、国家观、文化观，坚定中国特色社会主义道路自信、理论自信、制度自信、文化自信。引导教师准确理解和把握社会主义核心价值观的深刻内涵，增强价值判断、选择、塑造能力，带头践行社会主义核心价值观。引导广大教师充分认识中国教育辉煌成就，扎根中国大地，办好中国教育。

加强中华优秀传统文化和革命文化、社会主义先进文化教育，弘扬爱国主义精神，引导广大教师热爱祖国、奉献祖国。创新教师思想政治工作方式方法，开辟思想政治教育新阵地，利用思想政治教育新载体，强化教师社会实践参与，推动教师充分了解党情、国情、社情、民情，增强思想政治工作的针对性和实效性。要着眼青年教师群体特点，有针对性地加强思想政治教育。落实党的知识分子政策，政治上充分信任，思想上主动引导，工作上创造条件，生活上关心照顾，使思想政治工作接地气、入人心。

7. 弘扬高尚师德。健全师德建设长效机制，推动师德建设常态化长效化，创新师德教育，完善师德规范，引导广大教师以德立身、以德立学、以德施教、以德育德，坚持教书与育人相统一、言传与身教相统一、潜心问道与关注社会相统一、学术自由与学术规范相统一，争做"四有"好教师，全心全意做学生锤炼品格、学习知识、创新思维、奉献祖国的引路人。

实施师德师风建设工程。开展教师宣传国家重大题材作品立项，推出一批让人喜闻乐见、能够产生广泛影响、展现教师时代风貌的影视作品和文学作品，发掘师德典型、讲好师德故事，加强引领，注重感召，弘扬楷模，形成强大正能量。注重加强对教师思想政治素质、师德师风等的监察监督，强化师德考评，体现奖优罚劣，推行师德考核负面清单制度，建立教师个人信用记录，完善诚信承诺和失信惩戒机制，着力解决师德失范、学术不端等问题。

三、大力振兴教师教育，不断提升教师专业素质能力

8. 加大对师范院校支持力度。实施教师教育振兴行动计划，建立以师范院校为主体、高水平非师范院校参与的中国特色师范教育体系，推进地方政府、高等学校、中小学"三位一体"协同育人。研究制定师范院校建设标准和师范类专业办学标准，重点建设一批师范教育基地，整体提升师范院校和师范专业办学水平。鼓励各地结合实际，适时提高师范专业生均拨款标准，提升师范教育保障水平。切实提高生源质量，对符合相关政策规定的，采取到岗退费或公费培养、定向培养等方式，吸引优秀青年踊跃报考师范院校和师范专业。完善教育部直属师范大学师范生公费教育政策，履约任教服务期调整为 6 年。改革招生制度，鼓励部分办学条件好、教学质量高院校的师范专业实行提前批次录取或采取入校后二次选拔方式，选拔有志于从教的优秀学生进入师范专业。加强教师教育学科建设。教育硕士、教育博士授予单位及授权点向师范院校倾斜。强化教师教育师资队伍建设，在专业发展、职称晋升和岗位聘用等方面予以倾斜支持。师范院校评估要体现师范教育特色，确保师范院校坚持以师范教育为主业，严控师范院校更名为非师范院校。开展师范类专业认证，确保教师培养质量。

9. 支持高水平综合大学开展教师教育。创造条件，推动一批有基础的高水平综合大学成立教师教育学院，设立师范专业，积极参与基础教育、职业教育教师培养培训工作。整合优势学科的学术力量，凝聚高水平的教学团队。发挥专业优势，开设厚基础、宽口径、多样化的教师教育课程。创新教师培养形态，突出教师教育特色，重点培养教育硕士，适度培养教育博士，造就学科知识扎实、专业能力突出、教育情怀深厚的高素质复合型教师。

10. 全面提高中小学教师质量，建设一支高素质专业化的教师队伍。提高教师培养层次，提升教师培养质量。推进教师培养供给侧结构性改革，为义

务教育学校侧重培养素质全面、业务见长的本科层次教师，为高中阶段教育学校侧重培养专业突出、底蕴深厚的研究生层次教师。大力推动研究生层次教师培养，增加教育硕士招生计划，向中西部地区和农村地区倾斜。根据基础教育改革发展需要，以实践为导向优化教师教育课程体系，强化"钢笔字、毛笔字、粉笔字和普通话"等教学基本功和教学技能训练，师范生教育实践不少于半年。加强紧缺薄弱学科教师、特殊教育教师和民族地区双语教师培养。开展中小学教师全员培训，促进教师终身学习和专业发展。转变培训方式，推动信息技术与教师培训的有机融合，实行线上线下相结合的混合式研修。改进培训内容，紧密结合教育教学一线实际，组织高质量培训，使教师静心钻研教学，切实提升教学水平。推行培训自主选学，实行培训学分管理，建立培训学分银行，搭建教师培训与学历教育衔接的"立交桥"。建立健全地方教师发展机构和专业培训者队伍，依托现有资源，结合各地实际，逐步推进县级教师发展机构建设与改革，实现培训、教研、电教、科研部门有机整合。继续实施教师国培计划。鼓励教师海外研修访学。

加强中小学校长队伍建设，努力造就一支政治过硬、品德高尚、业务精湛、治校有方的校长队伍。面向全体中小学校长，加大培训力度，提升校长办学治校能力，打造高品质学校。实施校长国培计划，重点开展乡村中小学骨干校长培训和名校长研修。支持教师和校长大胆探索，创新教育思想、教育模式、教育方法，形成教学特色和办学风格，营造教育家脱颖而出的制度环境。

11. 全面提高幼儿园教师质量，建设一支高素质善保教的教师队伍。办好一批幼儿师范专科学校和若干所幼儿师范学院，支持师范院校设立学前教育专业，培养热爱学前教育事业，幼儿为本、才艺兼备、擅长保教的高水平幼儿园教师。创新幼儿园教师培养模式，前移培养起点，大力培养初中毕业起点的五年制专科层次幼儿园教师。优化幼儿园教师培养课程体系，突出保教融合，科学开设儿童发展、保育活动、教育活动类课程，强化实践性课程，培养学前教育师范生综合能力。

建立幼儿园教师全员培训制度，切实提升幼儿园教师科学保教能力。加大幼儿园园长、乡村幼儿园教师、普惠性民办幼儿园教师的培训力度。创新幼儿园教师培训模式，依托高等学校和优质幼儿园，重点采取集中培训与跟岗实践相结合的方式培训幼儿园教师。鼓励师范院校与幼儿园协同建立幼儿园教师培养培训基地。

12. 全面提高职业院校教师质量，建设一支高素质双师型的教师队伍。继续实施职业院校教师素质提高计划，引领带动各地建立一支技艺精湛、专兼结合的双师型教师队伍。加强职业技术师范院校建设，支持高水平学校和大中型企业共建双师型教师培养培训基地，建立高等学校、行业企业联合培养双师型教师的机制。切实推进职业院校教师定期到企业实践，不断提升实践教学能力。建立企业经营管理者、技术能手与职业院校管理者、骨干教师相互兼职制度。

13. 全面提高高等学校教师质量，建设一支高素质创新型的教师队伍。着力提高教师专业能力，推进高等教育内涵式发展。搭建校级教师发展平台，组织研修活动，开展教学研究与指导，推进教学改革与创新。加强院系教研室等学习共同体建设，建立完善传帮带机制。全面开展高等学校教师教学能力提升培训，重点面向新入职教师和青年教师，为高等学校培养人才培育生力军。重视各级各类学校辅导员专业发展。结合"一带一路"建设和人文交流机制，有序推动国内外教师双向交流。支持孔子学院教师、援外教师成长发展。

服务创新型国家和人才强国建设、世界一流大学和一流学科建设，实施好千人计划、万人计划、长江学者奖励计划等重大人才项目，着力打造创新团队，培养引进一批具有国际影响力的学科领军人才和青年学术英才。加强高端智库建设，依托人文社会科学重点研究基地等，汇聚培养一大批哲学社会科学名家名师。高等学校高层次人才遴选和培育中要突出教书育人，让科学家同时成为教育家。

四、深化教师管理综合改革，切实理顺体制机制

14. 创新和规范中小学教师编制配备。适应加快推进教育现代化的紧迫需求和城乡教育一体化发展改革的新形势，充分考虑新型城镇化、全面二孩政策及高考改革等带来的新情况，根据教育发展需要，在现有编制总量内，统筹考虑、合理核定教职工编制，盘活事业编制存量，优化编制结构，向教师队伍倾斜，采取多种形式增加教师总量，优先保障教育发展需要。落实城乡

统一的中小学教职工编制标准，有条件的地方出台公办幼儿园人员配备规范、特殊教育学校教职工编制标准。创新编制管理，加大教职工编制统筹配置和跨区域调整力度，省级统筹、市域调剂、以县为主，动态调配。编制向乡村小规模学校倾斜，按照班师比与生师比相结合的方式核定。加强和规范中小学教职工编制管理，严禁挤占、挪用、截留编制和有编不补。实行教师编制配备和购买工勤服务相结合，满足教育快速发展需求。

15. 优化义务教育教师资源配置。实行义务教育教师"县管校聘"。深入推进县域内义务教育学校教师、校长交流轮岗，实行教师聘期制、校长任期制管理，推动城镇优秀教师、校长向乡村学校、薄弱学校流动。实行学区（乡镇）内走教制度，地方政府可根据实际给予相应补贴。

逐步扩大农村教师特岗计划实施规模，适时提高特岗教师工资性补助标准。鼓励优秀特岗教师攻读教育硕士。鼓励地方政府和相关院校因地制宜采取定向招生、定向培养、定期服务等方式，为乡村学校及教学点培养"一专多能"教师，优先满足老少边穷地区教师补充需要。实施银龄讲学计划，鼓励支持乐于奉献、身体健康的退休优秀教师到乡村和基层学校支教讲学。

16. 完善中小学教师准入和招聘制度。完善教师资格考试政策，逐步将修习教师教育课程、参加教育教学实践作为认定教育教学能力、取得教师资格的必备条件。新入职教师必须取得教师资格。严格教师准入，提高入职标准，重视思想政治素质和业务能力，根据教育行业特点，分区域规划，分类别指导，结合实际，逐步将幼儿园教师学历提升至专科，小学教师学历提升至师范专业专科和非师范专业本科，初中教师学历提升至本科，有条件的地方将普通高中教师学历提升至研究生。建立符合教育行业特点的中小学、幼儿园教师招聘办法，遴选乐教适教善教的优秀人才进入教师队伍。按照中小学校领导人员管理暂行办法，明确任职条件和资格，规范选拔任用工作，激发办学治校活力。

17. 深化中小学教师职称和考核评价制度改革。适当提高中小学中级、高级教师岗位比例，畅通教师职业发展通道。完善符合中小学特点的岗位管理制度，实现职称与教师聘用衔接。将中小学教师到乡村学校、薄弱学校任教 1 年以上的经历作为申报高级教师职称和特级教师的必要条件。推行中小学校长职级制改革，拓展职业发展空间，促进校长队伍专业化建设。

进一步完善职称评价标准，建立符合中小学教师岗位特点的考核评价指标体系，坚持德才兼备、全面考核，突出教育教学实绩，引导教师潜心教书育人。加强聘后管理，激发教师的工作活力。完善相关政策，防止形式主义的考核检查干扰正常教学。不简单用升学率、学生考试成绩等评价教师。实行定期注册制度，建立完善教师退出机制，提升教师队伍整体活力。加强中小学校长考核评价，督促提高素质能力，完善优胜劣汰机制。

18. 健全职业院校教师管理制度。根据职业教育特点，有条件的地方研究制定中等职业学校人员配备规范。完善职业院校教师资格标准，探索将行业企业从业经历作为认定教育教学能力、取得专业课教师资格的必要条件。落实职业院校用人自主权，完善教师招聘办法。推动固定岗和流动岗相结合的职业院校教师人事管理制度改革。支持职业院校专设流动岗位，适应产业发展和参与全球产业竞争需求，大力引进行业企业一流人才，吸引具有创新实践经验的企业家、高科技人才、高技能人才等兼职任教。完善职业院校教师考核评价制度，双师型教师考核评价要充分体现技能水平和专业教学能力。

19. 深化高等学校教师人事制度改革。积极探索实行高等学校人员总量管理。严把高等学校教师选聘入口关，实行思想政治素质和业务能力双重考察。严格教师职业准入，将新入职教师岗前培训和教育实习作为认定教育教学能力、取得高等学校教师资格的必备条件。适应人才培养结构调整需要，优化高等学校教师结构，鼓励高等学校加大聘用具有其他学校学习工作和行业企业工作经历教师的力度。配合外国人永久居留制度改革，健全外籍教师资格认证、服务管理等制度。帮助高等学校青年教师解决住房等困难。

推动高等学校教师职称制度改革，将评审权直接下放至高等学校，由高等学校自主组织职称评审、自主评价、按岗聘任。条件不具备、尚不能独立组织评审的高等学校，可采取联合评审的方式。推行高等学校教师职务聘任制改革，加强聘期考核，准聘与长聘相结合，做到能上能下、能进能出。教育、人力资源社会保障等部门要加强职称评聘事中事后监管。深入推进高等学校教师考核评价制度改革，突出教育教学业绩和师德考核，将教授为本科生上课作为基本制度。坚持正确导向，规范高层次人才合理有序流动。

五、不断提高地位待遇，真正让教师成为令人羡慕的职业

20. 明确教师的特别重要地位。突显教师职业的公共属性，强化教师承担的国家使命和公共教育服务的职责，确立公办中小学教师作为国家公职人员特殊的法律地位，明确中小学教师的权利和义务，强化保障和管理。各级党委和政府要切实负起中小学教师保障责任，提升教师的政治地位、社会地位、职业地位，吸引和稳定优秀人才从教。公办中小学教师要切实履行作为国家公职人员的义务，强化国家责任、政治责任、社会责任和教育责任。

21. 完善中小学教师待遇保障机制。健全中小学教师工资长效联动机制，核定绩效工资总量时统筹考虑当地公务员实际收入水平，确保中小学教师平均工资收入水平不低于或高于当地公务员平均工资收入水平。完善教师收入分配激励机制，有效体现教师工作量和工作绩效，绩效工资分配向班主任和特殊教育教师倾斜。实行中小学校长职级制的地区，根据实际实施相应的校长收入分配办法。

22. 大力提升乡村教师待遇。深入实施乡村教师支持计划，关心乡村教师生活。认真落实艰苦边远地区津贴等政策，全面落实集中连片特困地区乡村教师生活补助政策，依据学校艰苦边远程度实行差别化补助，鼓励有条件的地方提高补助标准，努力惠及更多乡村教师。加强乡村教师周转宿舍建设，按规定将符合条件的教师纳入当地住房保障范围，让乡村教师住有所居。拿出务实举措，帮助乡村青年教师解决困难，关心乡村青年教师工作生活，巩固乡村青年教师队伍。在培训、职称评聘、表彰奖励等方面向乡村青年教师倾斜，优化乡村青年教师发展环境，加快乡村青年教师成长步伐。为乡村教师配备相应设施，丰富精神文化生活。

23. 维护民办学校教师权益。完善学校、个人、政府合理分担的民办学校教师社会保障机制，民办学校应与教师依法签订合同，按时足额支付工资，保障其福利待遇和其他合法权益，并为教师足额缴纳社会保险费和住房公积金。依法保障和落实民办学校教师在业务培训、职务聘任、教龄和工龄计算、表彰奖励、科研立项等方面享有与公办学校教师同等权利。

24. 推进高等学校教师薪酬制度改革。建立体现以增加知识价值为导向的收入分配机制，扩大高等学校收入分配自主权，高等学校在核定的绩效工资

总量内自主确定收入分配办法。高等学校教师依法取得的科技成果转化奖励收入，不纳入本单位工资总额基数。完善适应高等学校教学岗位特点的内部激励机制，对专职从事教学的人员，适当提高基础性绩效工资在绩效工资中的比重，加大对教学型名师的岗位激励力度。

25. 提升教师社会地位。加大教师表彰力度。大力宣传教师中的"时代楷模"和"最美教师"。开展国家级教学名师、国家级教学成果奖评选表彰，重点奖励贡献突出的教学一线教师。做好特级教师评选，发挥引领作用。做好乡村学校从教 30 年教师荣誉证书颁发工作。各地要按照国家有关规定，因地制宜开展多种形式的教师表彰奖励活动，并落实相关优待政策。鼓励社会团体、企事业单位、民间组织对教师出资奖励，开展尊师活动，营造尊师重教良好社会风尚。

建设现代学校制度，体现以人为本，突出教师主体地位，落实教师知情权、参与权、表达权、监督权。建立健全教职工代表大会制度，保障教师参与学校决策的民主权利。推行中国特色大学章程，坚持和完善党委领导下的校长负责制，充分发挥教师在高等学校办学治校中的作用。维护教师职业尊严和合法权益，关心教师身心健康，克服职业倦怠，激发工作热情。

六、切实加强党的领导，全力确保政策举措落地见效

26. 强化组织保障。各级党委和政府要满腔热情关心教师，充分信任、紧紧依靠广大教师。要切实加强领导，实行一把手负责制，紧扣广大教师最关心、最直接、最现实的重大问题，找准教师队伍建设的突破口和着力点，坚持发展抓公平、改革抓机制、整体抓质量、安全抓责任、保证抓党建，把教师工作记在心里、扛在肩上、抓在手中，摆上重要议事日程，细化分工，确定路线图、任务书、时间表和责任人。主要负责同志和相关责任人要切实做到实事求是、求真务实，善始善终、善作善成，把准方向、敢于担当，亲力亲为、抓实工作。

各省、自治区、直辖市党委常委会每年至少研究一次教师队伍建设工作。建立教师工作联席会议制度，解决教师队伍建设重大问题。相关部门要制定切实提高教师待遇的具体措施。研究修订教师法。统筹现有资源，壮大全国教师工作力量，培育一批专业机构，专门研究教师队伍建设重大问题，为重大决策提供支撑。

27.强化经费保障。各级政府要将教师队伍建设作为教育投入重点予以优先保障,完善支出保障机制,确保党和国家关于教师队伍建设重大决策部署落实到位。优化经费投入结构,优先支持教师队伍建设最薄弱、最紧迫的领域,重点用于按规定提高教师待遇保障、提升教师专业素质能力。加大师范教育投入力度。健全以政府投入为主、多渠道筹集教育经费的体制,充分调动社会力量投入教师队伍建设的积极性。制定严格的经费监管制度,规范经费使用,确保资金使用效益。

各级党委和政府要将教师队伍建设列入督查督导工作重点内容,并将结果作为党政领导班子和有关领导干部综合考核评价、奖惩任免的重要参考,确保各项政策措施全面落实到位,真正取得实效。

资料来源:《中共中央 国务院关于全面深化新时代教师队伍建设改革的意见》,载《中华人民共和国国务院公报》,2018(5)。

附件 3

中小学教师违反职业道德行为处理办法

（2018 年修订）

第一条　为规范教师职业行为，保障教师、学生的合法权益，根据《中华人民共和国教育法》《中华人民共和国未成年人保护法》《中华人民共和国教师法》《教师资格条例》和《新时代中小学教师职业行为十项准则》等法律法规和制度规范，制定本办法。

第二条　本办法所称中小学教师是指普通中小学、中等职业学校（含技工学校）、特殊教育机构、少年宫以及地方教研室、电化教育等机构的教师。

前款所称中小学教师包括民办学校教师。

第三条　本办法所称处理包括处分和其他处理。处分包括警告、记过、降低岗位等级或撤职、开除。警告期限为 6 个月，记过期限为 12 个月，降低岗位等级或撤职期限为 24 个月。是中共党员的，同时给予党纪处分。

其他处理包括给予批评教育、诫勉谈话、责令检查、通报批评，以及取消在评奖评优、职务晋升、职称评定、岗位聘用、工资晋级、申报人才计划等方面的资格。取消相关资格的处理执行期限不得少于 24 个月。

教师涉嫌违法犯罪的，及时移送司法机关依法处理。

第四条　应予处理的教师违反职业道德行为如下：

（一）在教育教学活动中及其他场合有损害党中央权威、违背党的路线方针政策的言行。

（二）损害国家利益、社会公共利益，或违背社会公序良俗。

（三）通过课堂、论坛、讲座、信息网络及其他渠道发表、转发错误观点，或编造散布虚假信息、不良信息。

（四）违反教学纪律，敷衍教学，或擅自从事影响教育教学本职工作的兼职兼薪行为。

（五）歧视、侮辱学生，虐待、伤害学生。

（六）在教育教学活动中遇突发事件、面临危险时，不顾学生安危，擅离职守，自行逃离。

（七）与学生发生不正当关系，有任何形式的猥亵、性骚扰行为。

（八）在招生、考试、推优、保送及绩效考核、岗位聘用、职称评聘、评优评奖等工作中徇私舞弊、弄虚作假。

（九）索要、收受学生及家长财物或参加由学生及家长付费的宴请、旅游、娱乐休闲等活动，向学生推销图书报刊、教辅材料、社会保险或利用家长资源谋取私利。

（十）组织、参与有偿补课，或为校外培训机构和他人介绍生源、提供相关信息。

（十一）其他违反职业道德的行为。

第五条　学校及学校主管教育部门发现教师存在违反第四条列举行为的，应当及时组织调查核实，视情节轻重给予相应处理。作出处理决定前，应当听取教师的陈述和申辩，听取学生、其他教师、家长委员会或者家长代表意见，并告知教师有要求举行听证的权利。对于拟给予降低岗位等级以上的处分，教师要求听证的，拟作出处理决定的部门应当组织听证。

第六条　给予教师处理，应当坚持公平公正、教育与惩处相结合的原则；应当与其违反职业道德行为的性质、情节、危害程度相适应；应当事实清楚、证据确凿、定性准确、处理恰当、程序合法、手续完备。

第七条　给予教师处理按照以下权限决定：

（一）警告和记过处分，公办学校教师由所在学校提出建议，学校主管教育部门决定。民办学校教师由所在学校决定，报主管教育部门备案。

（二）降低岗位等级或撤职处分，由教师所在学校提出建议，学校主管教育部门决定并报同级人事部门备案。

（三）开除处分，公办学校教师由所在学校提出建议，学校主管教育部门决定并报同级人事部门备案。民办学校教师或者未纳入人事编制管理的教师由所在学校决定并解除其聘任合同，报主管教育部门备案。

（四）给予批评教育、诫勉谈话、责令检查、通报批评，以及取消在评奖评优、职务晋升、职称评定、岗位聘用、工资晋级、申报人才计划等方面资格的其他处理，按照管理权限，由教师所在学校或主管部门视其情节轻重作出决定。

第八条　处理决定应当书面通知教师本人并载明认定的事实、理由、依据、期限及申诉途径等内容。

第九条　教师不服处理决定的，可以向学校主管教育部门申请复核。对复核结果不服的，可以向学校主管教育部门的上一级行政部门提出申诉。

对教师的处理，在期满后根据悔改表现予以延期或解除，处理决定和处理解除决定都应完整存入人事档案及教师管理信息系统。

第十条　教师受到处分的，符合《教师资格条例》第十九条规定的，由县级以上教育行政部门依法撤销其教师资格。

教师受处分期间暂缓教师资格定期注册。依据《中华人民共和国教师法》第十四条规定丧失教师资格的，不能重新取得教师资格。

教师受记过以上处分期间不能参加专业技术职务任职资格评审。

第十一条　教师被依法判处刑罚的，依据《事业单位工作人员处分暂行规定》给予降低岗位等级或者撤职以上处分。其中，被依法判处有期徒刑以上刑罚的，给予开除处分。教师受到剥夺政治权利或者故意犯罪受到有期徒刑以上刑事处罚的，丧失教师资格。

第十二条　学校及主管教育部门不履行或不正确履行师德师风建设管理职责，有下列情形的，上一级行政部门应当视情节轻重采取约谈、诫勉谈话、通报批评、纪律处分和组织处理等方式严肃追究主要负责人、分管负责人和直接责任人的责任：

（一）师德师风长效机制建设、日常教育督导不到位；

（二）师德失范问题排查发现不及时；

（三）对已发现的师德失范行为处置不力、方式不当或拒不处分、拖延处分、推诿隐瞒的；

附件 3

（四）已作出的师德失范行为处理决定落实不到位，师德失范行为整改不彻底；

（五）多次出现师德失范问题或因师德失范行为引起不良社会影响；

（六）其他应当问责的失职失责情形。

第十三条　省级教育行政部门应当结合当地实际情况制定实施细则，并报国务院教育行政部门备案。

第十四条　本办法自发布之日起施行。

资料来源：《教育部关于印发〈中小学教师违反职业道德行为处理办法（2018 年修订）〉的通知》，载《中华人民共和国教育部公报》，2018(11)。

参考文献

[1]习近平.决胜全面建成小康社会 夺取新时代中国特色社会主义伟大胜利——在中国共产党第十九次全国代表大会上的报告[M].北京：人民出版社，2017.

[2]中共中央宣传部.习近平新时代中国特色社会主义思想三十讲[M].北京：学习出版社，2018.

[3]习近平.高举中国特色社会主义伟大旗帜 为全面建设社会主义现代化国家而团结奋斗——在中国共产党第二十次全国代表大会上的报告[M].北京：人民出版社，2022.

[4]张作真.践行社会主义核心价值观 做"四有"好老师[M].天津：天津教育出版社，2017.

[5]杨德山.为什么要拥护中国共产党[M].北京：中国人民大学出版社，2013.

[6]杨德山，赵淑梅.中国共产党与当代中国[M].北京：五洲传播出版社，2014.

[7]江必新.新民事诉讼法理解适用与实务指南[M].北京：法律出版社，2015.

[8]《社会主义核心价值观学习读本》编写组.社会主义核心价值观学习读本[M].北京：新华出版社，2015.

[9]余达淮.社会主义核心价值观通俗读本[M].南京：江苏凤凰文艺出版社，2018.

[10]玉溪师范学院思政部.培育核心价值观 共筑精神家园[M].昆明：云南大学出版社，2014.

[11]李唯.聚焦国旗下课程——看社会主义核心价值观如何进校园入课堂[M].天津：天津教育出版社，2018.

[12]王福强.做传递正能量的教师[M].武汉：华中师范大学出版社，2016.

［13］李镇西．做最好的老师——著名教育家李镇西 30 年教育教学精华［M］．南京：译林出版社，2013．

［14］邢改萍．中华教育理论与实践科研论文成果选编［M］．北京：中央民族大学出版社，2006．

［15］魏书生．教学工作漫谈［M］．桂林：漓江出版社，2005．

［16］B. A. 苏霍姆林斯基．给教师的建议［M］．周蕖，王义高，刘启娴，等译．武汉：长江文艺出版社，2014．

［17］约翰·杜威．我们怎样思维·经验与教育［M］．姜文闵，译，北京：人民教育出版社，2005．

［18］约翰·D. 布兰思福特，安·L. 布朗，罗德尼·R. 科金等．人是如何学习的——大脑、心理、经验及学校［M］．程可拉，孙亚玲，王旭卿，译，上海：华东师范大学出版社，2002．